Dieses Set mit 40 Karten und Buch ist
Noor Inayat Khan gewidmet

Hazra Inayat Khan | Pir Zia Inayat-Khan

RITTERSCHAFT DES HERZENS

40 Regeln für ein aufrechtes Leben

Herausgeber:
Inayatiyya Deutschland e. V.

Pir Zia Inayat-Khan: Kommentare zu den „Regeln“
von Pir-o-Murshid Inayat Khan

Hazrat Inayat Khan, Pir Zia Inayat-Khan
Ritterschaft des Herzens
40 Regeln für ein aufrechtes Leben

Herausgeber: Inayatiyya Deutschland e. V.
Redaktion: Uta Maria Baur, Karuna Roswitha Güssregen, Puran Lehmann
Gestaltung Umschlag, Box und Karten: Martina Berge
Satz Buch: Josef Ries

Verlag Heilbronn
Polling
Verkehrsnummer 14894
www.verlag-heilbronn.de
info@verlag-heilbronn.de

Kontakt nach dem Produktsicherheitsgesetz:
Verlag Heilbronn
Kaiser-Heinrich-Straße 37
D-82398 Polling
info@verlag-heilbronn.de

ISBN: 978-3-936246-40-7

Gedruckt in Tschechien

INHALT

VORWORT

Es gibt vier Gruppen von Regeln, die von dem Religionsgelehrten und Sufi-Mystiker Hazrat Inayat Khan im „Gayan“[1] verfasst wurden. Es sind Leitsätze, die uns helfen, ethisches Verhalten zu üben und in unsere Beziehungen zu allen Wesen Achtsamkeit hineinzubringen. Die Regeln beruhen auf der Tradition der Spirituellen Ritterlichkeit, Futuwwa genannt, die für Menschen auf dem inneren Weg, den Weg von Rittern und Ritterinnen, grundlegend ist.

Die Regeln mögen auf den ersten Blick selbstverständlich und offenkundig erscheinen, wer aber mit Sorgfalt und wacher Aufmerksamkeit mit ihnen arbeitet, erkennt, dass jede Regel ein ziemlich weites Feld für die Selbsterforschung und Achtsamkeit eröffnet. Wir arbeiten mit diesen Regeln im Geist der Ritterlichkeit, im Geist höflichen, edelmütigen Verhaltens. Es war Scheich Abd al-Qadir Jilani[2], der die Sufis[3] in einem der

1 Eine Sammlung von Aussprüchen und Lebensweisheiten von Hazrat Inayat Khan, die im Buch „Gayan Vadan Nirtan“ zusammengefasst sind, Verlag Heilbronn, 1996

2 Abd al-Qadir Jilani (1077-1166 n. Chr.) war ein Sufi-Meister, beliebter Prediger und Gelehrter.

3 Sufi wird sowohl mit dem griechischen Wort Sophia (Weisheit) als auch mit dem arabischen Wort Saf (Reinheit) in Verbindung gebracht. Das Wort Saf deutet außerdem auf weiße, wollene Gewänder hin, die bestimmte Sufis trugen. Beides

ersten Orden, der Qadiriyya, zusammenführte, und zwar auf der Grundlage einer ritterlichen Institution, die Fityan genannt wird.

Jede Regel beginnt damit, dass wir als Leser bzw. Leserin uns selbst anreden, denn das Regelwerk stammt nicht von einer Autoritätsfigur außerhalb von uns. Es stammt aus unserem eigenen Gewissen, das zu sich selbst spricht und sich neu verpflichtet, die ethischen Grundsätze zu befolgen, die, wie wir wissen, unser eigenes inneres Anliegen sind.

PIR ZIA INAYAT-KHAN

---

steht für reine Weisheit.
Sufismus bezeichnet die Weisheit des Herzens, im Gegensatz zur Weisheit des Intellekts. Der Universale Sufismus nach Hazrat Inayat Khan ist geprägt von interrreligiöser Toleranz jenseits religiöser Dogmen.

NOOR INAYAT KHAN

Dieses Set mit 40 Karten und Buch ist Noor Inayat Khan gewidmet.

Wer war die Schriftstellerin, Musikerin und Widerstandskämpferin?

Noor-un-Nisa Inayat Khan wurde am 01. Januar 1914 als ältestes von vier Kindern des indischen Sufi-Mystikers und Religionsgelehrten Hazrat Inayat Khan und seiner amerikanischen Frau Ora Ray Baker in Moskau geboren. Ihr Name bedeutet „Licht der Frauen".

Von klein auf sog sie die Lehren ihres Vaters in sich auf, die Lehren von Liebe, Harmonie und Schönheit und fühlte sich mit der Quelle östlicher Mystik und universeller Weisheit innig verbunden. Noor war erst 13 Jahre alt, als ihr Vater während einer Indienreise verstarb. Durch den plötzlichen und unerwarteten Tod ihres Ehemannes fiel seine Frau und Mutter der vier Kinder in eine schwere Depression. Noor übernahm trotz ihrer jungen Jahre Verantwortung für ihre Geschwister und hielt die Familie emotional zusammen.

Sie war ein Wesen voller Kreativität, musischer und poetischer Inspiration. Noor Inayat Khan studierte Harfe am Konservatorium, spielte Vina (ein lautenähnliches indisches Saiteninstrument) und schrieb bereits in jungen Jahren Gedichte und Geschichten für Kinder. Sie studierte

Kinderpsychologie, gab eine Kinderzeitschrift heraus und ihre Geschichten wurden in der Zeitung „Le Figaro" veröffentlicht. In ihrem ersten Buch „Twenty Jakata Tales" interpretierte sie alte indische Fabeln und Gleichnisse neu. Bereits hier zeigte sich ihre tiefe Hingabe und Opferbereitschaft zum Wohl ihrer Mitmenschen.

Ihr musisches Leben nahm eine radikale Wendung, als Frankreich während des zweiten Weltkrieges von Nazi-Deutschland besetzt wurde.

Die Mitglieder der Familie Khan gingen zurück nach England und engagierten sich dort in unterschiedlichen Funktionen für die Beendigung des Krieges bei gleichzeitiger Wahrung ihrer pazifistischen Grundhaltung.

Noor Inayat Khan wurde vom britischen Geheimdienst als Funkerin ausgebildet. In dieser äußerst gefährlichen Funktion hielt sie als erste weibliche Funkerin unter dem Decknamen Madeleine die Verbindung zwischen dem französischen Widerstand und dem britischen Kriegsministerium. Ihre Nachrichtenübermittlung trug wesentlich zur taktischen Vorbereitung der Invasion der Alliierten bei. Schließlich wurde sie an die Gestapo verraten, gefangen genommen, verhört und gefoltert.

Das zarte Wesen Noor mit dem Herz und dem Mut einer Tigerin widerstand den grausamen Methoden der Gestapo. Sie gab ihr Wissen nicht preis und hielt in all dem ertragenen Martyrium unerschütterlich an ihren Werten fest. Ihr starker Idealismus ließ sie die Qualen der Isolationshaft, die sie in Ketten gelegt verbringen musste, über ein Jahr durchstehen.

Am 13. September 1944 wurde sie im Konzentrationslager Dachau hingerichtet. Ihr letzes Wort war „Liberté“ – Freiheit.

1946 verlieh Frankreich Noor Inayat Khan das Croix de Guerre, die höchste zivile Auszeichnung. Im Jahr 1949 ehrte England sie mit dem George Cross. 2012 wurde am Gordon Square in London ihr zu Ehren ein Denkmal durch Prinzessin Anne enthüllt. Im Konzentrationslager Dachau erinnert eine Gedenktafel an sie. Über ihr Leben gibt es verschiedene Literatur; von ihr selbst, auch ins Deutsche übersetzt, zwei Publikationen. In einer Video-Dokumentation über ihr Lebenswerk lieh Oscarpreisträgerin Helen Mirren Noor Inayat Khan ihre Stimme.

Das Leben von Noor-un-Nisa Inayat Khan zeigt: Jede menschliche Seele ist göttlichen Ursprungs. Alle Menschen sind heilig und unantastbar und haben ein Recht auf Freiheit. Für dieses Ziel hat sie ihr Leben gegeben und durch ihre Taten gezeigt, woran sie glaubte.

Wir, die wir heute ein Leben in Freiheit führen, verdanken dies Menschen wie ihr, die ihre Komfortzone verließen und bedingungslos für ihre Ideale eintraten.

Die Sorge um das Wohlergehen anderer, dass sie in schwierigsten Umständen ihren Prinzipien treu blieb und ihr unerschütterlicher Glaube an die Freiheit machen Noor Inayat Khan zur Schirmherrin des „Weges der Ritterlichkeit".

Ihr Bruder, Pir Vilayat Inayat Khan sagte über sie: „Ihr Geist hat viele Frauen inspiriert, die in ihr den Archetypus des weiblichen Ritters verwirklicht sehen. Ihr Geist lebt weiter, wo immer der Ruf nach Freiheit unser tapferes Einstehen dafür fordert."

Viele Menschen überall auf der Welt ehren sie damals wie heute als Inbegriff spirituellen Rittertums.

Wir alle begegnen in unserem Leben dem Thema Recht, Gerechtigkeit, Freiheit und Wahrheit. Niemand nimmt uns die Arbeit ab, wie wir mit unseren Gefühlen, Gedanken richtig umgehen und angemessen handeln können. In der Berührung mit der geistigen Kraft von Menschen wie Noor Inayat Khan können wir lebendig werden, wachsen, und für die Freiheit der Welt einstehen, wo immer wir dazu aufgefordert sind.

Die Regeln der Ritterschaft sind dazu ein hervorragender Wegweiser.

ANLEITUNG

Die 40 Regeln der Ritterlichkeit gehen auf eine sehr alte Tradition der Sufis zurück, die bis auf den Propheten Abraham zurückgeführt werden kann.

Nicht nur im christlichen Abendland gab es Ritterorden und eine höfische Kultur, auch z. B. im Alten Orient und in Japan lebten im Mittelalter Menschen nach den Grundsätzen einer ritterlichen Ethik.

Seit Jahrtausenden gibt es universelle ethische Prinzipien. Unter ihnen sind die Tugend der Gerechtigkeit und Fairness, die Tugend der Ausgewogenheit und Mäßigung, die Tugend des Mutes, die Tugend der Weisheit und die Tugend der Großzügigkeit. Wenn wir die Ritterschaft im Mittelalter betrachten, dann sehen wir dort auch Grausamkeit und Engherzigkeit. Auf dem modernen ritterlichen Weg in universeller Ausprägung ist dafür kein Platz mehr. Stattdessen kommen neue Tugenden hinzu: die Tugend der Achtung vor allem Leben und die Tugend des planetaren Bewusstseins, die uns beispielsweise daran erinnern, allen Wesen und allen Menschen zu helfen – ungeachtet ihres Geschlechts, ihrer Hautfarbe, ihrer Nationalität, ihres Einkommens, ihrer sexuellen Präferenzen oder ihrer Glaubensrichtung.

Die hier vorliegenden Regeln wurden von Hazrat Inayat Khan (1882-1927) verfasst, einem Meister der spirituellen Ritterlichkeit, der den Sufi-Weg der spirituellen Freiheit erstmals in die westliche Welt brachte.

Die ritterlichen Regeln sind Leitsätze, die uns helfen, das eigene Handeln zu reflektieren und unser Verhalten nach wertorientierten Grundsätzen auszurichten. Dies zu üben und in unsere Beziehungen in unserer Umgebung und zu uns selbst zu bringen ist der „Weg der Ritterlichkeit". Die ritterlichen Regeln sind konkrete Lebenshilfe und unterstützen den Weg der Kultivierung des eigenen Herzens.

Es gibt vier Gruppen der ritterlichen Regeln: je zehn eiserne, kupferne, silberne und goldene Regeln. Gemäß der chemischen Qualitäten der jeweiligen metallischen Elemente werden die Regeln in ihrer Anwendung immer feiner und subtiler.

Jede Regel beginnt mit den Worten „Mein gewissenhaftes Selbst." (oder auch „mein wahres Selbst/mein bewusstes Selbst"). Wir sprechen damit unser eigenes innewohnendes Selbst an und beziehen uns nicht auf eine Autorität von außen. Die ritterlichen Regeln dienen als Kompass der Selbsterforschung und eigenen Entwicklung. In der Auseinandersetzung mit ihnen begegnen wir uns selbst, unseren Gewohnheiten, Verhaltensmustern, Gedanken, Gefühlen und unseren Anliegen an das Leben. Gleichzeitig sind wir auf die ethischen Grundsätze, denen wir im Leben folgen möchten, ausgerichtet.

Zum Umgang mit den Regeln der Ritterlichkeit

Es ist wichtig, die Regeln auch im Gesamten zu betrachten und zu leben, denn sie balancieren sich gegenseitig aus. Es kann sogar sein, dass Sie bei der Beschäftigung damit im Alltag entdecken, dass es scheinbar einen Widerspruch zwischen Regeln gibt.

Es geht hier also nicht darum, eine einzelne Regel „auf die Spitze zu treiben“ und zum Dogma zu erheben, denn damit wird eine dazu ausgleichende Regel missachtet. Ein Beispiel dafür ist folgendes: Die Wahrheit zu sagen entsprechend der 1. Eisernen Regel („Stelle keine falschen Behauptungen auf“) bedarf auch der Rücksichtnahme und Höflichkeit entsprechend der 2. Kupfernen Regel („Sei höflich zu allen“) und der 5. Silbernen Regel („Achte die Gefühle eines jeden Wesens“).

Und bitte, seien Sie gnädig mit sich selbst. Diese Regeln sind keine ehernen Gesetze – ein Regelbruch bleibt „straffrei“. Ganz im Gegenteil kann uns jeder Fehler, jede Handlung, die gegen unsere eigenen tiefsten Überzeugungen verstößt, dazu führen, daraus zu lernen und bewusster und achtsamer uns selbst und unseren Mitmenschen gegenüber zu sein. Übung macht Sie zur Meisterin und zum Meister, sich ehrenhaft und ritterlich zu verhalten.

Damit kann es gelingen, allen Hindernissen und Herausforderungen des Lebens integer, würdevoll und mit einer feinen Lebensart zu begegnen und dabei freundlich, großzügig und ritterlich im Geiste und im Tun zu sein.

Wie Sie mit den 40 Karten der Regeln der Ritterlichkeit arbeiten können

Sie können die Karten vielfältig nutzen:

Betrachten der Regeln auf mehreren Ebenen

Sie können die Regeln grundsätzlich auf mehreren Ebenen betrachten: Welche Auswirkungen haben diese Grundsätze auf mein individuelles Leben – auf meine unmittelbare Umgebung – auf die Gesellschaft – auf die globalisierte Welt?

Tageskarte

Ziehen Sie jeden Tag oder nach Bedarf eine Karte (Regel) als Begleiterin für den Tag. Ziehen Sie die Karte nach dem „Zufallsprinzip" und beobachten Sie, welche Herausforderungen der Tag – bezogen auf die Regel – für Sie bereit hält. Versuchen Sie, der Regel zu folgen, und beobachten Sie dabei Ihre alten Verhaltensmuster und Ihre Motivation, sich entsprechend zu verhalten.

Auswahl-Karte

Wählen Sie bewusst eine Regel, mit der Sie in Widerstand gehen. Oder im Gegenteil, wählen Sie eine Regel, von der Sie annehmen, dass Sie diese selbstverständlich leben. Beobachten Sie Ihr Verhalten hinsichtlich dieser Regel im Alltag. Kontemplieren und vertiefen Sie diese Regel, drehen Sie deren Bedeutung z. B. in ihr Gegenteil um und betrachten Sie, welche Bilder, Gefühle, Erinnerungen, Motivationen jeweils in Ihnen aufsteigen. Betrachten Sie die Regel, indem Sie diese auf Ihre Umgebung, die Gesellschaft, die Natur und die globalisierte Welt ausdehnen. Wie verändert sich dadurch Ihre Haltung zu dieser Regel?

Gemeinschafts-Karte

Bringen Sie eine Regel in Ihre Umgebung (Partnerschaft/Familie/Freundeskreis/Arbeitsplatz) und diskutieren Sie mit den Menschen darüber. Welche Konsequenzen hätte die gelebte Regel auf die Individuen, die Gesellschaft, die Natur, die globalisierte Welt? Was motiviert Sie, sich gemäß der Regel zu verhalten? Was hindert Sie daran? Sie können sich zum Beispiel in einem festen Kreis (Familie oder Freundeskreis) einer Regel für eine Woche widmen, diese diskutieren und sich (regelmäßig) über Ihre Erfahrungen damit austauschen.

Weg der Ritterlichkeit

Wenn Sie Gefallen an der Arbeit mit den Regeln gefunden haben, sind Sie eingeladen, den intensiven und spirituellen Weg der Ritterlichkeit zu gehen.

Dieser Weg beginnt mit Ihrem Entschluss, jede der vierzig Regeln über einen Zeitraum von vierzig Tagen zu praktizieren. Die Praxis der zehn eisernen, zehn kupfernen, zehn silbernen und zehn goldenen Regeln dauert also 1.600 Tage, wenn sie ohne Unterbrechung ausgeübt wird (oder entsprechend länger, wenn Sie pausieren). Eine Regel zu praktizieren bedeutet, sie morgens mindestens ein Mal laut auszusprechen, sich mit ihrer Aussage zu beschäftigen und sie im Alltag anzuwenden.

Es besteht die Möglichkeit, auf diesem Weg Unterstützung zu erhalten und sich auszutauschen. Wenn Sie dies möchten oder einfach mehr über den Weg der Ritterlichkeit erfahren möchten, können Sie sich gerne an den „Weg der Ritterlichkeit“ der Inayatiyya Deutschland wenden ritterlichkeit@inayatiyya.de

Dort erhalten Sie auch Informationen über regionale Gruppen zum Austausch, an denen Sie gerne teilnehmen können; bekommen Einladungen zu Seminaren und haben Ansprechpartner*innen für alle Anliegen, die auf dem Weg erscheinen mögen. Dies ist selbstverständlich ein freiwilliges Angebot und kostenlos.

Wenn Sie jede der zehn eisernen, kupfernen, silbernen und goldenen Regeln je vierzig Tage lang praktiziert haben, können Sie sich im Rahmen einer besonderen Zeremonie in die Ritterschaft des Herzens, die „Knighthood of Purity“, einweihen lassen – sozusagen den „Ritterschlag“ erhalten, wenn Sie das möchten.

Alchemistische Transformation auf dem Weg der Ritterlichkeit

Im Verlauf der 1600 Tage, in denen Sie sich intensiv mit den 40 Regeln beschäftigen, durchlaufen Sie gewissermaßen einen alchemistischen Transformationsprozess (die Transformation von Blei zu Gold), der sich in sechs Stufen[1] der Wandlung vollzieht.

Dies ist die Metapher für einen Prozess, der die Veredelung der Persönlichkeit zum Ziel hat. Jede einzelne Stufe verfeinert und veredelt unser Selbst. Schließlich entsteht ein anderer Blick auf das Leben mit seinen Herausforderungen. Wir erkennen die höhere Ebene unseres wahren Selbst und die Verbundenheit zwischen Himmel und Erde.

Mithilfe der Alchemie lässt sich der Transformationsprozess in sechs Stufen beschreiben:

1. Stufe

Der Weg beginnt mit der Erweiterung der eigenen Perspektive aus der Enge der Selbstbezogenheit und einer Gewissensprüfung.

Die Sorge um das Wohlergehen anderer ist von zentraler Bedeutung für die Haltung der Ritterlichkeit. Es gibt ein Gesetz der Wechselseitig-

[1] Der alchemistische Transformationsprozess wird in 6, 12 oder 75 Stufen beschrieben. Die vier Metall-Gruppen der Regeln selbst sind nicht als Stufen zu verstehen, sondern drücken die subtileren und feineren „Herausforderungen" der Regeln aus.

keit, das von einer selbstlosen Haltung gemeinsam mit einem erwachten Sinn für Gerechtigkeit gelebt werden kann. Das Gesetz der Wechselseitigkeit korrigiert die Gewohnheit, unser begrenztes Selbst zu verteidigen. Wir nehmen auch den Standpunkt der anderen ein und berücksichtigen deren Interessen ebenso wie unser Eigeninteresse. Daraus erwacht Gerechtigkeit und wir können andere Menschen mit Fairness behandeln.

2. Stufe

Wir verbinden uns mit dem Gefühl der Ehrfurcht, werden uns unseres inneren Ideals bewusst, richten unsere Aufmerksamkeit auf das Ideal anstatt auf uns selbst und fühlen uns inspiriert.

Wir arbeiten an der Entwicklung unserer Persönlichkeit, indem wir Gewohnheiten entwickeln, die mehr im Einklang mit unseren inneren Werten und unserem Ideal stehen als das bloße gewohnheitsmäßige Reagieren mit alten Verhaltensmustern.

3. Stufe

Auf der Suche nach der Quelle des höchsten Ideals lassen wir die persönliche Identifikation zurück. Dadurch gelangen wir zur Essenz des wahren Selbst, was mit einem Gefühl der Einheit verbunden sein kann. Dies entspricht in der Alchemie dem Gold, das im Erz verborgen ist.

Dieses Gold ist durch Festhalten an unserem begrenztem Selbstbild verdeckt. Um es zu erkennen, ist es hilfreich, die selbstbezogene persönliche Identifikation zurückzulassen und das eigene göttliche oder höchste Ideal zu verwirklichen. Dadurch wird unser wahres Selbst erweckt – das Gold der Essenz im Kern unseres Seins

4. Stufe
Es beginnt die Rückreise in den Alltag und das Erkennen der gegenseitigen Beziehung von Himmel und Erde: Der alles durchdringende Geist drückt sich durch die Erde aus und die Erde bezieht ihre Nahrung aus der Quelle im Himmel. Die Verkörperung hat ihren Zweck in der Erfüllung des endlosen kreativen Potenzials der Quelle. Wir kommen zurück in die Welt, um das zu entfalten, was in das wahre Selbst investiert wurde.

5. Stufe
Das Gold ist noch weich und benötigt den Prozess des Glühens und Härtens, um den Belastungen des Alltags standhalten zu können.

Jetzt nehmen wir Entschlossenheit und Meisterschaft an, um das zu überwinden, was uns zurückhält, indem wir diese Kraft auf eine Erkenntnis der inneren Essenz gründen.

In dieser Phase käme für diejenigen, die sich dafür entscheiden, das Gelöbnis der Ritterin und des Ritters, ihrem bzw. seinem höchsten Ideal zu dienen und andere zu fördern und zu beschützen (in der Zeremonie des „Ritterschlags").

6. Stufe

Wir widmen uns dem eigenen Ideal und das eigene Ideal ist lebendig und arbeitet durch das eigene Selbst. Es ist ein Geben und Nehmen, die Vergeistigung der Materie und die Materialisierung des Geistes.

Wir betreten die Welt wieder, indem wir unseren Teil dazu beitragen, aber nicht zu dieser, sondern zu einer höheren Welt gehören. Wir arbeiten für eine „höhere Sache" – dem eigenen Ideal.

Das Wirken der Ritterin und des Ritters ist das äußere Tun, um das Ideal, das der Seele innewohnt, zu entdecken und danach zu leben. Die Arbeit mit den Regeln ist ein Prozess, durch den wir unser einzigartiges Ideal erkennen und zum Leben erwecken.

Und wie jede Reise beginnt auch dieser Weg mit dem ersten Schritt.

EISERNE REGELN

Mein gewissenhaftes Selbst:

KUPFERNE REGELN

Mein gewissenhaftes Selbst:

SILBERNE REGELN

Mein gewissenhaftes Selbst:

GOLDENE REGELN

Mein gewissenhaftes Selbst:

EISERNE REGEL 1

Mein gewissenhaftes Selbst, stelle keine falschen Behauptungen auf.

Die erste der Eisernen Regeln lautet: *„Mein gewissenhaftes Selbst, stelle keine falschen Behauptungen auf."* Das klingt zunächst sehr einfach. Niemand von uns hält sich gerne für jemanden, der falsche Behauptungen aufstellt, und wahrscheinlich tun wir es absichtlich auch nicht. Aber wenn wir diese Regel auf all das anwenden wollten, was wir sagen, so würden wir, glaube ich, sehr viel bewusster auf unsere Worte achten, und wir würden feststellen, dass es Schattierungen von Wahrhaftigkeit in unserem Reden gibt. Es gibt Dinge, die wir sagen, hinter denen unser voller Wille steht. In solchen Augenblicken sind wir ganz transparent, und das verleiht unserer Rede große Kraft. In anderen Dingen, die wir sagen, besteht hingegen keine Transparenz, sondern genau das Gegenteil, nämlich Undurchsichtigkeit. Wir vernebeln unsere Worte, um ein bestimmtes Ziel zu erreichen.

Doch selbst wenn wir das angestrebte Ziel tatsächlich erreichen, ist die Befriedigung, die wir daraus ziehen, in keiner Weise zu vergleichen mit der Reinheit unseres inneren Zustands, die wir dadurch verlieren, und mit der Freude und dem Frieden, die sich als natürliche Folge der Reinheit einstellen.

In diesem Zusammenhang könnte man auf das Kapitel über „Das Ehrenwort“ aus Hazrat Inayat Khans Buch „Die Kunst der Persönlichkeit“ verweisen. Hier sind einige Glanzlichter aus diesem Kapitel: *„Was ist das Wort? Das Wort ist der eigene Ausdruck, der Ausdruck der Seele. Derjenige, auf dessen Wort man sich verlassen kann, ist zuverlässig. Kein Reichtum dieser Welt kann mit dem Ehrenwort verglichen werden, das man gibt. Die Person, die sagt, was sie meint, stellt mit dieser Tugend ihre Spiritualität unter Beweis. Für einen wahrhaftigen Menschen ist der Bruch seines einmal gegebenen Wortes schlimmer als der Tod, denn es bedeutet für ihn einen Rückschritt anstatt einen Fortschritt in seiner Entwicklung.“*

Inayat Khan nimmt Bezug auf die Geschichte von Harish Chandra[1], der große Opfer auf sich nahm, um sein einmal gegebenes Ehrenwort zu halten. Daraufhin stellte man ihm die Frage: „Was geschieht, wenn Sie sich in folgender Situation befinden: Sie haben, ohne es recht zu bedenken, Ihr Ehrenwort gegeben und müssen nun, um Ihr Ehrenwort zu halten, etwas tun, was im Lichte der gegenwärtigen Situation eher schädlich als vorteilhaft ist? Ist es in einem solchen Fall nicht zu extrem, auf diesem Grundsatz zu beharren?“ Er antwortete sehr taktvoll, finde ich, dass kein

1 Harish Chandra war ein König in der indischen Mythologie, der niemals log und nie sein Wort brach.

Grundsatz bis ins Extrem geführt und verabsolutiert werden sollte. In allem besteht die Gefahr der Übertreibung. Wenn man jedoch die Tendenz entwickelt, dem eigenen Ehrenwort untreu zu werden, weil die Situation sich verändert hat, dann kann als Folge davon die Wahrscheinlichkeit wachsen, unüberlegte Versprechungen zu machen. Denn man geht ja davon aus, sich später zu erlauben, von dem Versprechen abzuweichen. Je fester wir daher zur Einhaltung unseres Ehrenwortes stehen, desto zuverlässiger werden wir uns bemühen, unsere Versprechen einzulösen.

Wer sein Leben erforscht, erkennt vielleicht, dass es relativ wenige Gelegenheiten gibt, etwas förmlich zu unterschreiben, ein ausdrückliches Versprechen oder ein Gelübde oder eine Erklärung abzugeben. Sehr oft aber verpflichtet man sich beiläufig in einem lockeren Gespräch; man übernimmt Verantwortung für etwas; man nimmt sich etwas für die Zukunft vor: Ich werde das tun, ich werde dort sein. Häufig tun wir das mit dem unausgesprochenen Vorbehalt, dass sich letzten Endes die Umstände wandeln und wir uns dann das Recht nehmen können, unseren Sinn zu ändern. In dem Maß jedoch, wie wir das tun, verliert unser Wort die heilige Kraft, die es zum Beispiel im Gelöbnis eines Ritters besitzen kann.

Der Grund, warum man von seinem Versprechen abweicht, liegt immer darin, dass man hofft, dadurch irgendeinen Vorteil zu gewinnen. Manchmal liegt der Nutzen sehr greifbar und ungeheuer verführerisch auf der Hand. Wenn man jedoch später auf sein Leben zurückschaut und sich noch einmal die Augenblicke vergegenwärtigt, in denen man sein Wort gegeben und es dann wegen des einen oder anderen verführerischen Nutzens nicht eingehalten hat, wird einem klar, dass der daraus gezogene Gewinn in keiner Weise das Gefühl des Verlustes, das man jetzt spürt, aufwiegen kann, des Verlustes an Integrität. Aber wir brauchen nicht in der Schuld der Vergangenheit zu versinken. Wir müssen unsere Fehler nur bereuen, sie wiedergutmachen, eine Lehre daraus ziehen und weitermachen, mit mehr Weisheit und ehrlicher Hingabe an den eigentlichen Sinn unseres Lebens. Heute ist ein neuer Tag, neue Wahlmöglichkeiten liegen vor uns, und wir haben gelernt, unser Ehrenwort wohlbedacht zu geben und es gewissenhaft einzuhalten.

EISERNE REGEL 2

Mein gewissenhaftes Selbst, sprich nicht schlecht über andere in deren Abwesenheit.

Die zweite Regel lautet: *„Sprich nicht schlecht über andere in deren Abwesenheit."* Dieser Ausspruch hat, wie alle weisen Worte, mehrere Bedeutungsebenen. Wörtlich genommen besagt er: Sprich nicht lieblos über Menschen, die in diesem Gespräch nicht anwesend sind. Auf einer tieferen Ebene könnte man sagen, schlecht über Menschen in ihrer Abwesenheit zu sprechen, bedeutet, sich in Werturteilen über sie zu äußern, während man selbst nicht für sie präsent ist. In diesem Fall würde präsent sein heißen, in bewusstem Kontakt mit der Seele dieser Menschen zu stehen. Sich locker über die Merkmale und Eigenschaften einer Person auszulassen, ohne wirklich innerlich bei ihr zu sein, ohne Berührung mit ihrer Seele, das ist ein Fehler.

Aber in einem eher wörtlichen Sinn fordert die Regel auf, nicht über Menschen zu sprechen, wenn sie nicht zugegen sind, außer man lobt sie. Ich denke, die Situation, auf die sich diese Regel bezieht, ist uns allen aus eigener Erfahrung bekannt. In den sozialen Zusammenhängen, in denen wir leben, sprechen die Leute üblicherweise eher über andere in ihrer

Abwesenheit als in ihrer Gegenwart.

Diese Art von Tratsch und Klatsch wirkt ansteckend. Selbst wenn wir von Natur aus gar nicht zu Klatsch neigen, finden wir uns auf einmal in Gespräche verwickelt, deren Atmosphäre lockerer Kritik wie eine berauschende Droge einen starken Einfluss auf uns ausübt. In diesem Moment setzt sich das Gefühl durch, dass es erlaubt ist, so zu reden. Wenn dann aber das Gespräch vorbei ist, kommt uns plötzlich der Gedanke: Was habe ich da nur gesagt?

Denn was wurde schließlich dadurch gewonnen? Gar nichts! Die Teilnahme am Sezieren von Irrtümern, Fehlern und schlechten Eigenschaften anderer Leute erweist sich selten, wenn überhaupt jemals, hilfreich, um einen positiven Wandel in ihnen herbeizuführen. Im Gegenteil, fast immer ist das Umgekehrte der Fall. Je mehr man die Fehler und unguten Eigenschaften anderer hervorhebt, desto mehr werden sie in der betreffenden Person verstärkt. Zudem sind unsere Egos in einem außerordentlichen Grad auf Gegenseitigkeit hin konstruiert.

Das Ego existiert nicht in der Isolation. Es wird nicht autonom in der Psyche eines Individuums gebildet. Vielmehr ist das Ego ein Konstrukt, dessen psychische Inhalte sich im Gefüge einer Gesellschaft in wechselseitigen Beziehungen entwickeln, in der Projektion von Eindrücken als Resultat der Erwartungen und Wertungen anderer Leute. Unser Selbstbild ist abhängig von dem Bild, das sich andere von uns machen, und umgekehrt. Wenn wir einen anderen Menschen negativ bewerten, haben wir vielleicht die Vorstellung, dass wir die wahre Natur dieses Menschen enthüllen, tatsächlich aber verhüllen wir sie. Wir wickeln diesen Menschen in Schleier der Dunkelheit ein und verdecken damit das Licht seiner Seele.

Vom mystischen Standpunkt aus gesehen ist die physische Anwesenheit oder Abwesenheit einer Person ein belangloser Sachverhalt. Wir sind alle miteinander verbunden jenseits von Zeit und Raum. Nichts bleibt ungehört. Jedes Wort, sogar jeder Gedanke, schallt durch das ganze Universum und kommt als Widerhall zurück. Nichts bleibt verborgen, und jede Vibration übt eine Wirkung aus.

Hazrat Inayat Khan sagt: *„Man muss daran denken, dass die Neigung eines Menschen zum Tratsch ein Zeichen dafür ist, dass es ihm oder ihr an Charakteradel fehlt. Es ist so natürlich und doch ein großer Charakterfehler, der Neigung zum Gerede über andere zu erliegen. Erstens zeugt es von großer Schwäche, wenn man Bemerkungen über jemanden hinter dessen Rücken macht; zweitens steht es dem entgegen, was man als Offenheit und Ehrlichkeit bezeichnen könnte. Außerdem ist dieses Urteilen über andere unangemessen, wenn man sich auf die Lehre Christi bezieht, die besagt: Urteilt nicht, damit ihr nicht verurteilt werdet.“*

„Urteilt nicht, damit ihr nicht verurteilt werdet.“ Das ist der beste Prüfstein: dasselbe Kriterium auf andere anzuwenden, das man auf sich selbst anwendet; andere so zu behandeln, wie man selbst sich wünscht, behandelt zu werden. Fragen Sie sich: Wie würde ich mich fühlen, wenn die Person in meiner Abwesenheit so von mir sprechen würde, wie ich von ihr spreche? Wenn Sie sich dabei wohl fühlen, dann ist das, was Sie sagen, wahrscheinlich in Ordnung. Ebenso kann man sich fragen, ob man in gleicher Weise reden würde, wenn die betreffende Person anwesend wäre. Wenn ja, dann ist das Gesagte vermutlich ebenfalls fair.

Wenn wir es geschafft haben, nicht mehr schlecht über andere zu reden, dann wird uns mehr Energie zur Verfügung stehen, die wir für eine edlere Beschäftigung einsetzen können, die uns zudem viel mehr befriedigt, nämlich Gutes über andere zu sagen.

EISERNE REGEL 3

Mein gewissenhaftes Selbst, ziehe keinen Vorteil aus der Unwissenheit anderer.

Jede der Regeln beginnt mit dem Ausdruck *„Mein gewissenhaftes Selbst“*. Das heißt, dass die betreffende Regel ein Selbstgespräch ist, wir führen ein Zwiegespräch mit uns selbst. Keine Autorität zwingt sie uns von außen auf. Die Regeln sind Ausdruck eines ethischen Standpunktes. Wenn dieser Standpunkt mit unserem Gewissen in Einklang steht, dann dient die entsprechende Regel als Mahnung, uns in allen Situationen voll unserem Ideal zu verpflichten. Findet der ethische Standpunkt keine positive Resonanz in unserem Gewissen, dann bietet die Kontemplation über diese Regel eine Möglichkeit, die eigene ethische Position zu überprüfen. In keinem Fall sind die Regeln Dogmen, die uns eine äußere Autorität aufzwingt und die wir unbedingt einhalten müssen. Die einzige wahre Autorität ist das erleuchtete menschliche Gewissen.

Wenden wir uns jetzt der Regel zu: *„Ziehe keinen Vorteil aus der Unwissenheit anderer.“* Die extreme Form, jemandes Unwissenheit zu missbrauchen, ist natürlich so etwas wie der Betrug, auf den es manchmal Hausierer und Straßenhändler anlegen, wenn sie die Gutgläubigkeit der

Leute ausnutzen und sie irreführen, um ein schnelles Geschäft zu machen. Die meisten von uns tun das nicht. Aber es gibt subtilere Formen, aus der Unwissenheit anderer einen Vorteil zu ziehen.

In dem Buch „Creating the Person" spricht Inayat Khan von einem Verhalten, das er als „Neigung, andere Menschen zu überreden" bezeichnet. Er sagt:

„Es gibt eine Neigung, verborgen hinter den menschlichen Antrieben, die man als Überredungstendenz bezeichnen kann. Wenn Menschen andere Leute zu etwas überreden, dann erreichen sie damit für den Augenblick genau das, was sie erreichen wollen. Am Ende aber bewirken sie nur, dass in allen Menschen, die sie mit dieser Überredungstendenz überrumpelt haben, Ärger hochkommt. Zeigt das nicht, dass uns eine Handlung, die unmittelbaren Erfolg bringt, weniger schwer fällt als die Rücksichtnahme auf die Gefühle anderer? Man findet so selten einen Menschen auf der Welt, der auf die Gefühle einer anderen Person selbst dann Rücksicht nimmt, wenn er dafür die Erfüllung seiner eigenen Wünsche opfern muss. Jeder sucht Freiheit, aber eben für sich selbst. Wenn man bestrebt wäre, dasselbe auch für einen anderen zu erreichen, wäre man ein viel größerer Mensch. Die Neigung, andere zu überreden, beweist zweifellos eine große Willenskraft. Und sie nutzt geschickt die Schwäche anderer aus, die zurückstecken und nachgeben aus Liebe, Mitgefühl, Güte, Freundlichkeit und Höflichkeit. Aber alles hat seine Grenze. Es kommt eine Zeit, da reißt der Faden. Ein Faden ist ein Faden und kein Stahlseil. Sogar ein Metalldraht reißt, wenn er zu stark gespannt wird. Die Zartheit des menschli-

chen Herzens wird nicht von jedermann verstanden. Menschliche Gefühle sind zu fein für die gewöhnliche Wahrnehmung. Eine Seele, die ihre Persönlichkeit entwickelt – wem gleicht sie? Sie ist nicht wie die Wurzel oder der Stamm einer Pflanze, auch nicht wie die Äste oder Blätter. Sie ist wie die Blüte, die Blüte mit ihrer Farbe, ihrem Duft und ihrer Zartheit.“

Hazrat Inayat Khan beschreibt hier die Neigung, jemanden mit Argumenten umzustimmen, zu beschwatzen, zu bedrängen – kurz: alles Mögliche zu versuchen, das Denken anderer Menschen im Interesse des eigenen Vorteils zu ändern. Wir alle neigen manchmal dazu, unsere rhetorischen Fähigkeiten zum größten Nutzen für uns selbst einzusetzen. Wenn wir fühlen, dass es um etwas ganz Entscheidendes geht, argumentieren wir hartnäckig wie ein Anwalt zugunsten unseres Anliegens.

Um in einer Diskussion zu „gewinnen“, muss man die Schwächen des eigenen Standpunktes herunterspielen und die Stärken herausstreichen. Bestimmte Tatsachen müssen betont und andere verschwiegen werden. Man hebt alles, was den eigenen Standpunkt bestärkt, besonders hervor und ignoriert den Rest.

Wir haben alle diese Neigung, mehr oder weniger. Sie ist ein Teil der Sprachrhetorik und beinahe unvermeidlich. Wir versuchen immer, die triftigsten Gründe für unsere Entscheidungen, unsere Gedanken usw. anzugeben. Aber wenn diese Neigung extreme Formen annimmt, dann wird sie zu Missbrauch. Wer bewusst kritische Informationen in einer Diskussion zurückhält, der trägt nicht mehr in positiver Weise zu einer

Lösung bei, die für alle Beteiligten annehmbar ist.

Wenn das Ziel eines Gesprächs als „Gedankenaustausch" verstanden wird – und wann sollte es nicht so sein? –, dann ist das, was wir uns als Ergebnis wünschen, nicht der Triumph eines Standpunktes über den anderen, sondern eine kognitive Synthese, in der verschiedene Facetten eines Themas harmonisch zusammengeführt wurden und beide Parteien ein tieferes Verständnis über das Thema gewonnen haben. Wenn man dagegen einen Vorteil aus den blinden Flecken im Blickfeld einer anderen Person zieht, dann ist das Resultat nichts anderes als eine Form der Ausbeutung. Wissen ist Macht, und die Manipulation von Wissen aus Gründen des Eigeninteresses kann tyrannisch sein.

Was das Zurückhalten von Informationen betrifft, so ist Verschwiegenheit an sich noch keine negative oder zerstörerische Haltung. Eigentlich ist sie ein natürlicher und notwendiger Aspekt des Lebens. Alles in der Natur ist eine Offenbarung des Mysteriums des göttlichen Geheimnisses in verschiedenen aufeinander folgenden Stadien der Enthüllung. Würde die reine, allumfassende Wahrheit der Realität jemals in ihrer Totalität enthüllt werden, so würde der Verstand desjenigen, der Zeuge dieser Offenbarung wird, schmelzen. Niemand, weder du noch ich, könnte die machtvolle Wirkung dieser Enthüllung ertragen und überleben. Für uns ist es eine Gnade, dass „Allah[2] siebzigtausend Schleier aus

[2] Bezeichnung für Gott in arabischer Sprache

Licht und Dunkelheit hat.“

Erst wenn die geistigen Fähigkeiten eines Menschen sich vertiefen und erweitern, können die Schleier einer nach dem andern gelüftet werden. Nicht jeder Augenblick ist der richtige, um eine feinere Wahrnehmung, eine Erkenntnis der Seele zum Ausdruck zu bringen. Geheimnisse des Herzens plaudert man nicht gedankenlos aus. Die leuchtende Dunkelheit des Schweigens nährt und schützt spirituelles Wissen, bis der richtige Moment gekommen ist, es kundzutun. Diese Art der Geheimhaltung ist schön, und sie gibt uns Kraft. Sie stärkt nicht nur uns selbst, sondern auch die anderen. Die Prophetinnen, Heiligen oder Meister bewahren das göttliche Geheimnis im Geist einer mitfühlenden Solidarität mit allem Leben und unterstützen damit die natürliche Entfaltung eines jeden Wesens. Diese Einstellung ist genau das Gegenteil der Geheimhaltung eines Tyrannen, der sein Wissen ausnutzt, um andere zu beherrschen. Beide üben Macht aus, aber Tyrannen wenden sie gegen andere, während die Prophetinnen, Heilige oder Meister ihre Macht für andere oder im Zusammenspiel mit ihnen einsetzen. Das Ergebnis ist sehr unterschiedlich.

EISERNE REGEL 4

Mein gewissenhaftes Selbst, prahle nicht mit deinen guten Taten.

Zunächst einmal möchte ich unsere Aufmerksamkeit wieder auf ein wichtiges Kapitel über Eitelkeit aus Hazrat Inayat Khans Buch „Creating the Person“ lenken.

„Die ganze Manifestation ist Ausdruck jenes Geistes des Logos, der in der Sufi-Sprache kibriyya genannt wird. Durch jedes Wesen hindurch tritt dieser Geist in Form von Eitelkeit, Stolz oder Dünkel in Erscheinung. Gäbe es diesen Geist nicht, der in jedem Wesen als zentrales Lebensthema wirkt, würde weder Gutes noch Schlechtes, weder Großes noch Kleines in der Welt existieren. Jede Tugend und jedes Laster entspringen diesem Geist. Die Kunst der Persönlichkeit besteht darin, die rauen Kanten dieses Geistes der Eitelkeit zu glätten, die alle Menschen, denen wir in unserem Leben begegnen, stören und verletzen. Wer ständig von „Ich“ redet, der belästigt damit das Gemüt seiner Zuhörer umso mehr, je öfter er darüber spricht. Selbstgefälligkeit in ihrer rigiden Ausdrucksform wird Stolz genannt, und wenn sie auf eine nette Art zum Ausdruck gebracht wird, nennt man sie Eitelkeit. Oft wird Menschen Höflichkeit beigebracht, und sie lernen eine geschliffene Sprache und gutes Benehmen. Ist jedoch

dieser Geist der Eitelkeit ausgeprägt, so schleicht er sich trotz aller guten Manieren und schönen Sprache als Unterton in unser Denken, Reden und Handeln ein und ruft laut: „Ich bin, ich bin". Selbst wenn jemand stumm wäre, die Eitelkeit spränge aus seinem Gesichtsausdruck und seinem Blick hervor. Eitelkeit ist etwas, das sich äußerst schwer unterdrücken und kontrollieren lässt.

Der Kampf im Leben der Adepten gilt nicht so sehr den Leidenschaften und Emotionen. Sie können früher oder später mit mehr oder weniger Anstrengung beherrscht werden. Aber mit der Eitelkeit ist es so, dass sie ständig wächst. Hackt man ihren Stamm ab, dann lebt man nicht mehr. Denn sie ist nichts anderes als das Selbst. Sie ist das Ich, das Ego, die Seele oder Gott im Innern. Man kann ihre Existenz nicht bestreiten. Allein der Kampf mit ihr verschönert sie mehr und mehr und macht erträglicher, was in ihrer rohen Gestalt unerträglich ist. Eitelkeit kann mit einer magischen Pflanze verglichen werden. Würde man sie im Garten als eine dornige Pflanze wachsen sehen und sie abschneiden, dann würde sie an einer anderen Stelle im selben Garten als ein Obstbaum wachsen. Und schneidet man sie an einer anderen Stelle im selben Garten ab, dann wird sie als ein Busch voll duftender Rosen hervorsprießen. Sie existiert weiterhin, aber in einer schöneren Gestalt, und beglückt diejenigen, die sie betrachten und berühren. Daher lehrt uns die Kunst der Persönlichkeit nicht, die Saat der Eitelkeit auszureißen, weil sie ja, solange wir leben, gar nicht ausgerissen werden kann. Aber ihr grobes äußeres Erscheinungsbild kann zerstört werden, damit sie sich, nachdem sie viele Tode gestorben ist, am Ende als unsere Wunschpflanze manifestieren kann."

Wie wenden wir nun diese Lehren auf die Regel *„Prahle nicht mit deinen guten Taten"* an? Wir könnten damit beginnen, dass wir beobachten, welche Verhaltensweisen anderer Menschen wir als störend empfinden. Dann finden wir vielleicht heraus, dass der Umgang mit einigen Menschen in unserem Leben sehr schwierig und unangenehm ist, während die Gegenwart anderer Menschen sich locker und entspannt anfühlt. Wenn man sich diese Erfahrungen näher ansieht, so stellt man fest, dass in vielen Fällen der Unterschied in der Natur des Egos der jeweiligen Person liegt. Es ist schwierig, sich wohlzufühlen in der Gegenwart von Leuten, die von sich selbst berauscht sind, sich nur um ihre eigenen Interessen kümmern, unablässig unsere Aufmerksamkeit auf ihre Vorzüge lenken, sich ständig verteidigen und rechtfertigen und ihre eigenen Sichtweisen in den Vordergrund stellen. Unser eigenes Ego fühlt sich brüskiert durch das größere und dominantere Ego, mit dem wir zu tun haben. Anders herum ist die Gegenwart einer Person, die bescheiden und zurückhaltend ist und mitfühlend zuhören kann, wie ein besänftigender Balsam für unsere Seele.

Wenn wir nach der Goldenen Regel[3] leben wollen, dann müssen wir uns in demselben Licht betrachten wie die anderen, mit denen wir Um-

3 Anmerkung der Redaktion: gemeint ist hier wohl die allgemeingültige Goldene Regel, nach der man sich seinen Mitmenschen gegenüber so verhalten soll, wie man selbst behandelt werden will, die sich in vielen Traditionen findet.

gang haben. Richten wir unseren Blick auf uns selbst, so bemerken wir vielleicht, dass auch unser Ego in mancher Hinsicht eine abstoßende Wirkung auf andere ausübt. Wir könnten zum Beispiel in uns eine Tendenz finden, uns im Rausch des Augenblicks in unseren eigenen Interessen so sehr zu verlieren, dass wir wenig Rücksicht auf die Sorgen und Anliegen der Menschen in unserer Umgebung nehmen. Wir sind so stark in unser eigenes Leben verwickelt, dass wir vergessen, dass unser persönliches Drama nur uns selbst etwas angeht und dass nur wir selbst von unserer eigenen Sichtweise fasziniert sind.

An einer anderen Stelle in „Creating the Person" erzählt Inayat Khan eine Geschichte von zwei Bahnreisenden. Der eine redet stundenlang über all die ruhmreichen Taten seiner Vorfahren. Schließlich ist der Zuhörer mit seiner Geduld völlig am Ende und schreit ihn an: „Genug! Es langweilt mich schon, von meinen eigenen Vorfahren zu hören. Wieso sollte ich Wert darauf legen, von deinen Vorfahren zu hören?" Was für eine vielsagende Veranschaulichung der Lehre, dass persönliche Leidenschaften nicht immer von den Mitmenschen geteilt werden!

Jesus (Friede sei mit ihm) sagte: „An euren Früchten werdet ihr erkannt werden." Wir haben oft das Gefühl, uns erklären, uns beweisen und auf unsere guten Absichten und aufopfernde Taten, die wir vollbracht haben, aufmerksam machen zu müssen. Wir wünschen uns, dass die andern uns doch wirklich besser verstehen sollten, als sie es tun. Wir fühlen uns nicht angemessen gewürdigt. Aber die Worte Christi rufen uns in Erinnerung, dass wir uns durch die Früchte unseres Handelns zu erkennen geben und nicht durch unsere Worte.

Tatsächlich können unsere Worte eher von unseren Früchten ablenken. Die guten Taten, auf die wir zu Recht stolz sind, welken dahin, wenn wir die Aufmerksamkeit auf sie lenken und lang und breit von ihnen reden, und in den Augen anderer finden sie weniger Anerkennung, als wenn wir einfach nur unsere Taten für sich selbst sprechen lassen. Die Lehren der Propheten und Weisen fordern uns auf, unsere Taten für sich sprechen zu lassen. Selbst wenn es im Augenblick so scheint, als würde man nicht recht verstanden oder wertgeschätzt, so soll man doch darauf vertrauen, dass im Universum alle Rechnungen früher oder später beglichen werden.

Wir brauchen uns nicht so viel Mühe zu geben, uns zu verteidigen, zu erklären und zu rechtfertigen.

Vielleicht glauben wir, dass wir durch Eigenlob dazu kommen, uns selbst mehr zu respektieren. Doch wie hoch wir uns auch immer preisen mögen, die Wahrheit ist, dass dieses Lob vollständig verblasst im Vergleich zu dem Lob, das der Essenz unseres Selbst gebührt, dem Licht unserer Seele. Ironischerweise fallen wir gerade durch das Eigenlob, dessen wir uns für würdig halten, von dem Platz, der uns in Wahrheit zusteht, herunter; denn wenn wir uns selber loben, dann schreiben wir das Selbstbild fest, das wir nach außen projizieren. Die wahre Größe unseres Wesens ist aber weit großartiger als unser Selbstbild, und je mehr wir dieses Bild aufzupolieren versuchen, desto mehr verlieren wir an wahrer Größe, weil unsere wahre Größe unaussprechlich ist – sie kann niemals in Worte gefasst werden. Worte schränken sie nur ein. Unsere wahre Größe geht über alle Worte und Bilder hinaus. Diese wahre Größe ist unbeschreiblich machtvoll und schön, unsagbar eindrucksvoll und Ehrfurcht gebietend, und jedes Mal, wenn wir mit den Vorzügen unseres Egos prahlen, berauben wir uns dieser unendlichen Weite und füttern stattdessen etwas sehr Kleines in uns.

EISERNE REGEL 5

Mein gewissenhaftes Selbst, beanspruche nicht, was anderen gehört.

Ich habe zwei kleine Kinder, und es bereitet mir große Freude zu beobachten, wie sie heranwachsen und sich verändern. In Kindern können wir die einfachsten Antriebe in der menschlichen Persönlichkeit vor ihrer gesellschaftlichen Konditionierung erkennen. Wenn zum Beispiel zwei Kinder mit einer Auswahl von Spielsachen zusammen spielen, dann bleibt oft ein Spielzeug völlig unbeachtet liegen, bis eines der Kinder es ergreift. An diesem Punkt wird es für das andere Kind ganz plötzlich ebenfalls hochinteressant, und das Kind erhebt einen Anspruch darauf. Solange der Gegenstand bloß auf dem Boden herumlag, übte er keinen besonderen Reiz aus, aber wenn das andere Kind ihn in die Hand nimmt, gewinnt er auf einmal eine ungeheure Bedeutung.

Tatsächlich sind Erwachsene in dieser Beziehung nicht viel anders als Kinder, aber sie wissen diese Impulse besser zu verbergen. Irgendetwas veranlasst uns, haben zu wollen, was andere besitzen. In extremen Fällen führt diese Begehrlichkeit zu Betrug und Gewalt. Öfter jedoch veranlasst sie uns, viel Zeit und Energie darauf zu verwenden, Besitztümer anzuhäufen und sie wieder auszurangieren.

Wir sind ständig auf der Suche nach dem Gegenstand, der uns glücklich machen wird, aber wir finden ihn nie wirklich. Die ganze Ökonomie baut auf diesem Erwerbstrieb auf. Würden wir damit aufhören, würde das Wirtschaftssystem zusammenbrechen und müsste total umgestaltet werden.

Vom Standpunkt der Sufis aus gesehen, beruht jede Motivation letztendlich auf einem göttlichen Impuls. Sogar in unserer Besitzgier liegt die Hoffnung auf Erlösung. Die Jagd nach einem Gegenstand führt zum Erlangen des Gegenstands, was wiederum dazu führt, dass wir uns darüber erheben. Wenn wir uns nicht anstrengen, das, was wir begehren, auch zu besitzen, sondern vorzeitig darauf verzichten, während wir uns innerlich aber noch danach verzehren, wäre unser Verzicht hohl und verlogen und die Begierde könnte in jedem Augenblick wieder durchbrechen. Wer aber einen Gegenstand erlangt hat und dann darüber hinausgewachsen ist, den kann man frei nennen. Sogar das Bedürfnis, sich Dinge zu beschaffen, findet einmal ein Ende – wie alles ein Ende hat –, und zwar in der Erkenntnis. William Blake drückte genau das aus, wenn er sagte, dass die Straße des Überflusses zum Palast der Weisheit führe.

Es muss aber hinzugefügt werden, dass es eine Sache ist, wenn ein Individuum dem Pfad des Überflusses folgt bis zum Palast der Weisheit, und eine andere Sache, wenn eine ganze Gesellschaft sich so verhält.

Die Bereicherung einer Nation oder einer Spezies bedeutet sehr oft die Verarmung anderer, und bei einer Bevölkerungszahl von über siebeneinhalb Milliarden sind die Ressourcen der Erde mittlerweile bedrohlich geschrumpft.

Mahatma Gandhi wurde einst gefragt, ob damit zu rechnen sei, dass Indien nach der Unabhängigkeit denselben Lebensstandard wie England erreichen würde. Er sagte: „England ist eine kleine Insel und hat sich die Reichtümer der halben Welt angeeignet, um seinen Lebensstandard zu erlangen. Indien ist ein sehr großer Kontinent. Wie viele Welten wären nötig, damit die Inder denselben Lebensstandard erreichen?"

Für das Kollektiv ist der Kurs der Erkenntnisgewinnung durch exzessiven Konsum nicht haltbar. Aber als Einzelwesen gehen viele von uns durch eine Phase, in der wir uns vorrangig mit Objekten befassen. Man wird ein Genießer, dabei entwickelt sich der Geschmack, und bald gibt es keine Grenze mehr für das, was wir haben wollen. Wurde eine Sache erlangt, scheint eine andere noch begehrenswerter, und das geht immer so weiter. Aber dann erkennt man nach einer gewissen Zeit, dass dies alles *dunya*[4] ist und dass es nicht das Ding selbst ist, das uns Befriedigung verschafft. Das Ding ist nur ein Auslöser für eine innere Erfahrung, und diese Erfahrung ist die eigentliche Quelle des Vergnügens. Was bedeutet denn überhaupt Besitz? In Wirklichkeit ist Besitz nicht mehr als die lega-

[4] Weltliches

le Nähe zu einem Objekt. Gibt es irgendeine Art unsichtbarer Kraft, die eine Person an ein Objekt bindet? Eine solche Kraft gibt es nicht, sie ist nur eine Vorstellung unseres Geistes.

Wenn man das erkennt, dann bewegt man sich auf die nächste Ebene zu – über *dunya* hinaus zu *akhira*[5]. Anstatt den Besitz von Objekten anzustreben, suchen wir Befriedigung in schönen und freudvollen Seinszuständen. Man begibt sich auf den spirituellen Weg, nimmt vielleicht teil an Seminaren, Workshops und Retreats und liest eine Menge Bücher. Man entdeckt den Markplatz wunderbarer spiritueller Ideen. Möglicherweise erkennen wir dann irgendwann, dass dieselben Impulse, die uns auf dem Markplatz der Dinge angetrieben haben, auch auf dem Marktplatz spiritueller Ideen wirksam sind: dasselbe Verlangen, sich irgendetwas anzueignen, derselbe Versuch, Befriedigung zu erlangen durch den Besitz von etwas, was uns stabil und lustvoll erscheint. Darüber hinaus erliegen wir – in der spirituellen Welt ebenso wie in der materiellen Welt – oft der Versuchung, etwas für sich zu beanspruchen, was einem andern gehört, weil es uns mehr anzieht als das, was wir selbst besitzen.

Auf unserem spirituellen Weg sehen wir, dass es andere Leute gibt, die offenbar mit einem Erkenntnisvermögen und einer persönlichen Reife ausgestattet sind, die äußerst anziehend auf uns wirken, und in uns steigt der Wunsch auf, das zu bekommen, was diese Personen ha-

[5] Jenseitiges

ben. Dann spüren wir das dringende Bedürfnis, jede neue Methode oder Lehre auszuprobieren, um endlich etwas zu fassen zu kriegen, was unser Glücksgefühl steigert. Wir sehnen uns nach dem Besitz der andern, die uns umgeben, ihrem scheinbar vollkommenen spirituellen Zustand, während wir selbst uns in einem niedrigeren Zustand gefangen fühlen. Als Folge davon idealisieren und vergöttern wir einerseits die andern und behandeln andererseits uns selbst sehr schlecht, wenn wir uns so ganz und gar wertlos und unfähig fühlen. Ironischerweise fühlt die Person, auf die wir unser Ideal vollkommener spiritueller Reife projizieren, wahrscheinlich ebenfalls ihre Begrenzungen und wünscht sich den Entwicklungsgrad eines Menschen mit noch höherer Realisationsstufe, und so weiter ad infinitum. Wir drehen und um und schauen auf andere – bis wir uns wieder dem Prinzip der Eisernen Regel zuwenden: *„Beanspruche nicht, was anderen gehört."*

Die Regel fordert uns auf, nur auf das einen Anspruch zu erheben, was uns selbst gehört, was aus unserer eigenen Erfahrung stammt. Unser eigener Seinszustand, das ist es, was wir beanspruchen, was wir annehmen und womit wir zufrieden sein können. Und wir müssen seine Unbeständigkeit begreifen. Wir müssen verstehen, dass unsere Zustände nicht die Essenz sind, sondern Qualitäten der Essenz, die sich ständig verändern. Wenn wir unseren jeweiligen Zustand akzeptieren, können wir besser spüren, wie er auf dem Grund reiner Essenz ruht.

Betrachten Sie also die Wahrheit Ihrer eigenen Erfahrung als das, was Ihnen gehört, diese spezielle Sichtweise, die von Gott für Gott durch Sie und ausschließlich durch Sie eröffnet wird. Ihr Blickwinkel ist notwendigerweise einzigartig, und Sie bereichern damit das Leben, wie es auf keine andere Weise geschehen kann. Nichts ist überflüssig. Alles ist eine Fügung des Schicksals. Die kritische Beurteilung unserer Erfahrungen als gut oder schlecht, positiv oder negativ ist letztlich sehr relativ. Es gibt einfach nur die Lebenserfahrung, die uns gegeben wurde, um die göttliche Selbstoffenbarung zu fördern. Wenn wir unsere Erfahrungen annehmen und integrieren, erleben wir die Erfüllung, die unser Geburtsrecht ist.

EISERNE REGEL 6

Mein gewissenhaftes Selbst, mache anderen keinen Vorwurf, denn dadurch bestärkst du sie in ihren Fehlern.

Die nächste der Eisernen Regeln lautet: *„Mein gewissenhaftes Selbst, mache anderen keinen Vorwurf, denn dadurch bestärkst du sie in ihren Fehlern.“* Es gibt eine sehr schöne und erhellende Textstelle von Hazrat Inayat Khan über dieses Thema in dem Band „Sufi Teachings“ unter der Kapitelüberschrift „Overlooking“[6].

„Es gibt eine Tendenz, die sich in einem Menschen, der spirituelle Fortschritte macht, entwickelt und die sich in seinem Verhalten niederschlägt. Es ist die Tendenz, etwas zu übersehen. Diese Gewohnheit könnte manchmal wie Nachlässigkeit erscheinen, aber in Wirklichkeit ist Nachlässigkeit nicht unbedingt dasselbe wie Übersehen; meistens ist Nachlässigkeit ein Nicht-Hinsehen. Man könnte das Übersehen auch mit anderen Worten bezeichnen, und zwar als ein Sich-über-die-Dinge-Erheben. Man muss sich erheben, um über etwas hinwegzusehen; wer unten steht, kann das Leben nicht überblicken, selbst

---

6 Deutsche Übersetzung von „overlooking“: etwas übersehen, über etwas hinwegsehen

wenn man wollte. Diese Art des bewussten Übersehens ist eine freundliche Umgangsform; es bedeutet hinzusehen und zugleich nicht zu sehen; es ist ein Sehen, ohne vom Gesehenen Notiz zu nehmen; es bedeutet auch, dass man von jemandem verletzt oder geschädigt oder gestört wird, ohne es übelzunehmen. Es ist ein Merkmal des Seelenadels, ein Zeichen für Seelen, die auf einen höheren Ton gestimmt sind.

Über etwas hinwegzusehen ist die erste Lektion in Vergebung. Dieses Verhalten entspringt aus Liebe und Mitgefühl. Bei Menschen, die man hasst, nimmt man jeden kleinen Fehler wahr, aber bei Menschen, die wir lieben, übersehen wir auf ganz natürliche Weise die Fehler, und oft versuchen wir sogar, die Fehler in Vorzüge zu verwandeln. Wenn wir Sympathie und Mitgefühl für andere hegen, dann wächst auch die Tendenz, über ihre Fehler hinwegzusehen, bis man auf eine Stufe der Erkenntnis gelangt, auf der die Gesamtheit des Lebens zu einer einzigen erhabenen Vision der Immanenz Gottes wird.“

Es gibt eine amüsante Geschichte, die man sich in der Türkei über eine Zusammenkunft von Sufis erzählt. Jemand stellt drei Scheichs – Leiter von drei verschiedenen Orden – folgende Frage: „Was tun Sie, wenn Sie bei jemandem ein Laster wahrnehmen?“ Der erste Scheich antwortet: „Ich weise die Person darauf hin, ermahne und korrigiere sie.“ Der zweite Scheich sagt: „Ich versuche, es zu vertuschen, so dass niemand es sieht.“ Und der dritte Scheich antwortet: „Laster? Was für ein Laster?“

Hazrat Inayat Khan erzählt eine Geschichte von einem Löwenbaby, das sich in der Savanne verirrte. Getrennt von seinem Rudel vergaß der kleine Löwe bald seinen Ursprung und schloss sich einer Schafherde an. Er wuchs zusammen mit den Schafen auf, begann zu blöken und Gras zu fressen wie ein Schaf usw. Obwohl er zur Gestalt eines mächtigen Löwen heranwuchs, war er in seinem Gemüt ein Schaf. Eines Tages sah er sich dann einem Löwenrudel gegenüber. Er versuchte, mit den anderen Schafen davonzulaufen, aber er wurde von den Löwen eingekreist. Er zitterte vor Angst, obwohl die Löwen ihn nicht angriffen, sondern sein seltsames Verhalten eher komisch fanden. Sie gaben ihrer Verwunderung Ausdruck und sagten: „Was machst du bloß? Du bist ein Löwe. Warum benimmst du dich wie ein Schaf?“ So sehr sie sich auch bemühten, ihn auf seine löwenhaften Züge aufmerksam zu machen, er glaubte ihnen nicht. Schließlich jagten sie ihn aus lauter Frustration zum Ufer eines kleinen Teichs. Dort erblickte der Löwe sein Spiegelbild und sah, dass er tatsächlich ein Löwe war. Mit einem Schlag änderte sich seine ganze Welt.

Das ist eine Geschichte über das Menschsein: Wir werden als Löwen geboren, aber irgendwie geraten wir dann unter die Schafe. Uns wird der Stempel der Begrenzung aufgeprägt. Wir werden als Schafe betrachtet, und früher oder später kommen wir dahin, die Gültigkeit dieses kritischen Blicks zu akzeptieren. Wir internalisieren das Urteil der Welt und halten es schlicht für selbstverständlich. Es ist nicht so, dass irgendein bestimmter Mensch die Absicht gehabt hätte, uns zu täuschen. Vielmehr waren diejenigen, die diesen Eindruck der eigenen Begrenztheit und Minderwertigkeit in uns eingepflanzt haben, selbst durch andere mit dem eingeschränkten Selbstbild infiziert. Es ist eine Art psychischer Krankheit, die von Generation zu Generation übertragen wird – durch die Gesellschaft, die Kultur, die Familien. Es ist ein spirituelles Leiden mit der Wirkung, dass wir unseren Wert gefühlsmäßig geringer einschätzen, als er wirklich ist. Der Eindruck von Minderwertigkeit, Unfähigkeit und Selbstverurteilung schwächt uns, flößt uns Gefühle von Scham und Schuld ein und macht uns unfähig, die Qualitäten unserer Seele zu manifestieren. Es ist eine düstere Stimmung, die ohne Ende in der Welt zirkuliert, und wir alle sind empfänglich dafür, wir alle werden auf irgendeine Weise davon berührt.

Das ist aber nicht die einzige Kraft in der Welt. Wäre es die einzige Kraft, die Welt würde unter dem Gewicht ihrer eigenen drückenden Schwermut zerbrechen. Es gibt jedoch eine andere Kraft, die Kraft der Erleuchtung, die kreative Kraft unseres Schönheitssinns. Jeder von uns ist ein Schlachtfeld, auf dem diese zwei Kräfte aufeinander treffen und miteinander streiten. In dem Maß, wie wir im Griff der falschen Beurteilungen gefangen sind, die uns übergestülpt wurden, sind wir unfähig, die Schönheit in uns selbst zu sehen, und daher auch unfähig, sie in anderen zu sehen. Dann werden wir mitschuldig an der Aufrechterhaltung dieser dunklen Sichtweise, die zu Fehleinschätzungen führt. Es ist ein Teufelskreis, der mit Entschiedenheit durchbrochen werden muss, und dazu ruft uns diese Eiserne Regel auf. *„Mache anderen keinen Vorwurf,* *denn dadurch bestärkst du sie in ihren Fehlern."*

Der oder die erste „andere" ist unser eigenes Selbst. Wir behandeln unser Selbst wie einen anderen, wenn wir uns abwerten oder tadeln. Es ist eine Sache, aus Fehlern zu lernen und dann weiterzumachen. Es ist eine andere Sache, der Gewohnheit ständiger Selbstvorwürfe zu verfallen. Je mehr wir uns selbst für ein bestimmtes Denken, Reden oder Tun verurteilen, desto hartnäckiger wird diese Unart in uns. Sie wird durch jedes Schuldgefühl bestätigt, und wir werden immer hilfloser. Diese Eiserne Regel fordert uns auf, den Kreislauf zu unterbrechen.

Beginnen wir bei uns selbst, hören wir auf, dem Schaf, das unsere illusionäre Natur ist, Vorwürfe zu machen, und lernen wir, den Löwen in uns zu sehen, der unser wahres Selbst ist.

Dasselbe Prinzip gilt für die andern „anderen". In der Interaktion mit anderen Menschen sehen wir oft nicht die leuchtende Schönheit ihrer Seele, sondern nehmen nur ihre Schatten wahr. Obgleich wir im Paradies leben, ist unser Blick so sehr auf die Begrenzungen fokussiert, dass wir völlig von Nörgeleien und Beschwerden in Anspruch genommen sind und den wunderbaren Glanz eines jeden vorbeiziehenden Augenblicks verpassen. Wir arbeiten uns an der Unvollkommenheit ab und erkennen dabei nicht, dass sich aus der Unvollkommenheit die Vollkommenheit entwickelt. Was diesen Prozess ermöglicht, das ist bedingungslose Liebe.

Wenn wir weiter darüber nachdenken, dann erkennen wir vielleicht, dass die Wahrnehmung von Unzulänglichkeiten ein Teil eines festen

Musters ist. Das, was wir an einem anderen nicht mögen, ist in uns selbst vorhanden. Tatsächlich kritisieren wir manchmal mit aller Schärfe ein Merkmal bei jemandem genau aus dem Grund, weil wir es bei uns selbst noch nicht akzeptieren oder transformieren können.

Nehmen wir als Beispiel die Aggression. Wenn in uns selbst wiederholt Aggression aufsteigt, wir sie aber unterdrücken, dann besteht die Neigung, gereizt auf jemanden zu reagieren, der diesen Gefühlsimpuls nicht beherrschen kann. Wenn wir aber unsere Aggression verwandelt haben, anstatt sie zu verdrängen – das heißt, wenn wir den Stau im Energiefluss, der sich als Aggression manifestiert, geklärt und gelöst haben –, dann werden wir niemals ärgerlich auf andere werden, die diese Transformation bisher nicht leisten konnten. Vielmehr werden wir uns bemühen, sie darin zu unterstützen, sich zu befreien, so wie wir selbst uns befreit haben.

Wir wissen alle aus unserer eigenen Lebenserfahrung, dass depressive Verstimmungen und Gefühle von Sinnlosigkeit häufig das Ergebnis einer Atmosphäre sind, die mit strengen und zynischen Urteilen aufgeladen ist. Umgekehrt blühen wir auf im Kreise einer verständnisvollen und unterstützenden Familie, von liebevollen Freunden und Kollegen.

Können Sie sich an Momente in Ihrem Leben erinnern, wenn jemand an Sie glaubte und Ihnen vertraute? Entsinnen Sie sich, welch ein wunderbarer Segen in dieser Erfahrung lag. Der einfache Akt des Glaubens an Sie, als Sie an sich selbst nicht glauben konnten, half Ihnen, sich selbst in einem neuen Licht zu sehen und mehr die Person zu werden, die Sie in Wahrheit sind. Können Sie dasselbe für andere tun? Können Sie die verborgene Schönheit erkennen, die in der Wirrnis des Lebenskampfes einer anderen Person schlummert?

Wenn man die Menschen in ihrem wahren Licht, als erleuchtete Seelen betrachtet, sieht man in ihnen eine Schönheit, die sie selber womöglich noch nicht wahrnehmen können. Man befindet sich dann in der Position der Löwen, die den kleinen Löwen wachrüttelten, der dachte, er sei ein Schaf.

Wir können uns so sehr anstrengen, wie wir wollen, wir werden es nicht schaffen, die Menschen mit Worten von ihrer wahren Identität zu überzeugen. Aber unser wissender Blick kann zum Spiegel werden, in dem sie sich zu erkennen beginnen.

EISERNE REGEL 7

Mein gewissenhaftes Selbst, schone dich nicht bei den Aufgaben, die du zu meistern hast.

Ich kann mir vorstellen, dass dies möglicherweise nicht das ist, was Sie gerne hören möchten. Keiner von uns möchte sich in der Arbeit zugrunde richten. Aber bevor Sie sich innerlich abwenden, betrachten Sie die Implikationen der Worte genauer. Worin man sich selbst nicht schonen darf, das sind „die Aufgaben, die man zu meistern hat".

Nicht jede Arbeit ist die Arbeit, die man vollbringen muss. Wir können uns zum Beispiel verausgaben in allen möglichen Bemühungen, die letztlich nicht unbedingt einen bedeutsamen Beitrag zum Zweck unseres Lebens leisten. Nur wenn es darum geht, unser Lebensziel zu erreichen, dann sollen wir es mit vollem Einsatz verfolgen.

Eine Aufgabe mit Entschlossenheit anzugehen heißt jedoch nicht, die Naturgesetze zu verletzen. Wenn wir erfolgreich sein wollen, müssen wir Aktion und Ruhe immer im Gleichgewicht halten. Auf dem Weg des Erfolgs ist der Schlafsand in unseren Augen genauso notwendig wie der Schweiß unserer hart arbeitenden Gliedmaßen. Worauf es ankommt ist die Lebenskraft hinter einer Aktion. Wenn Sie auf Ihr Leben zurückblicken, werden Sie sehen, dass bestimmte Unternehmungen, die Sie

mit klarer Entschlossenheit in Angriff genommen und mit der ganzen Kraft Ihres Seins ausgeführt haben, Sie Stück für Stück aufgebaut und zu der Person haben werden lassen, die Sie heute sind.
Im Gegensatz dazu kann man das, was andere Arbeiten, bei denen es an Entschlusskraft und Achtsamkeit fehlte, zu Ihrer persönlichen Entwicklung beigetragen haben, vernachlässigen.

Es ist eine Ironie des Lebens, dass das, was unsere Begierden verführerisch anstachelt und zu kurzfristiger Befriedigung führt, oft langfristig am wenigsten befriedigend ist. Natürlich geschieht es manchmal, dass das körperliche Wohlsein mit dem Hochgefühl der Seele zusammenfällt. Aber mindestens so oft sehen wir uns vor die Wahl gestellt: die behagliche Bequemlichkeit des Basislagers oder die transzendente Herrlichkeit des mühsam erklommenen Gipfels. Die Befreiung von der Vorliebe für oberflächliche Vergnügungen bereitet uns auf tiefer gehende Freuden vor, die unsere Seele berühren und nähren.

Aus der Sufi-Perspektive betrachtet, ist das ganze Universum ein Phänomen der Sehnsucht. Die göttliche Sehnsucht durchzieht alle Dinge und Wesen und erfüllt sie je nach ihrer Aufnahmefähigkeit mit Kraft und Energie. Für Mystiker und Mystikerinnen ist die wahre Erziehung ein Training des Verlangens. Durch dieses Training wird die göttliche Sehnsucht, die in uns wohnt, von den Begrenzungen des Egos befreit und entwickelt sich zu einer Triebkraft für die Umgestaltung der Welt.

Das Verlangen nimmt Gestalt an und erreicht sein Ziel in drei Stadien.

Das erste Stadium ist das reine Verlangen. Hier erlebt man das Verlangen an sich, ohne Objekt. Das ist unser Anteil an Gottes eigener unendlicher Sehnsucht. Der Gott Shiva lehrt in der Vijnana-Bhairava: „Wenn ein Verlangen im Schüler auftaucht, sollte er seinen Geist fest darauf richten wie auf das eigentliche Selbst; dann wird er die essenzielle Wirklichkeit erkennen."

Das zweite Stadium ist der Wunsch. Hier enthüllt sich aus der wabernden Wolke aller Möglichkeiten die Schönheit als Ideal, das wir anstreben sollten. Das Verlangen hat jetzt eine Richtung. Dies ist der Moment, in dem wir unser Ziel bestimmen und die Stufen, die zu diesem Ziel führen, in Augenschein nehmen.

Das dritte Stadium ist der Wille. Der Wille ist die Seelenkraft, die Gedanken in Taten umwandelt und aus inspirierten Visionen greifbare Resultate und Erfolge entstehen lässt. Wenn unsere Glieder, unsere Zunge und unser Blick auf den Ruf unseres Willens hören, wird uns eine enorme Kraft zuwachsen.

Jeglicher Erfolg ist möglich, wenn der Wille fokussiert ist, wenn das gleißende Licht unserer wahren Lebensaufgabe jede Versuchung, die uns davon ablenkt, überstrahlt. Dann werden wir mit Sicherheit das gewünschte Objekt erlangen.

Und wenn wir das Objekt erreicht haben, muss es transzendiert werden, denn mit jeder Annäherung an den stets zurückweichenden Horizont kommt ein noch höheres Ziel in Sicht.

EISERNE REGEL 8

Mein gewissenhaftes Selbst, erweise deine Dienste getreu all denen, die sie benötigen.

Die nächste Eiserne Regel lautet: *„Mein gewissenhaftes Selbst, erweise deine Dienste getreu all denen, die sie benötigen."* Diese Anweisung beschreibt sinnbildlich den Geist der Ritterlichkeit, der die „Ritterin des Lichts" und den „Ritter des Lichts" definiert.

Ich möchte damit beginnen, dass ich eine wunderbare Passage aus dem Buch „Creating the Person" von Hazrat Inayat Khan zitiere, die diese Eiserne Regel verdeutlicht.

„Wir müssen alles, was uns von anderen Menschen im Leben anvertraut wird, als eigene Verantwortung betrachten, und wir müssen wissen, dass es unsere heilige Pflicht ist, sich des Vertrauens einer jeden Person in der Welt als würdig zu erweisen. Auf diese Weise wird eine harmonische Verbindung mit jedem Menschen hergestellt, und die Harmonie, die wir schaffen, bringt die Seele in Einklang mit dem Unendlichen.

Die Person, die gewissenhaft mit ihrer Pflicht, mit ihren Verantwortlichkeiten gegenüber Freunden umgeht, ist frömmer als jemand, der allein in der Abgeschiedenheit sitzt. Wer die Einsamkeit wählt, dient nicht Gott, sondern hilft nur sich selbst, indem er oder sie die Freuden des Alleinseins genießt.

Aber die Person, die sich gegenüber jeder Seele, der sie begegnet, als vertrauenswürdig erweist und die ihre Beziehungen und Verbindungen, bedeutende oder unbedeutende, als etwas Heiliges betrachtet, beachtet ganz gewiss das spirituelle Gesetz derjenigen Religion, die der Inbegriff aller Religionen ist.

Wüssten wir nur, was die Freundschaftsbeziehung zwischen einer Seele und einer anderen wirklich bedeutet, die Zartheit dieser Verbindung, ihre Feinheit, Schönheit und Heiligkeit, dann könnten wir uns des Lebens in seiner Fülle erfreuen, denn man wäre lebendig, und auf diese Weise müsste es eines Tages dazu kommen, dass man mit Gott in Kontakt tritt. Dieselbe Brücke, die zwei Seelen in dieser Welt verbindet, wird, wenn sie sich ausdehnt, ein Weg zu Gott. In dieser Welt gibt es keine größere Tugend, als sich gegenüber Freundinnen und Freunden als liebevoll, zuverlässig und vertrauenswürdig zu erweisen."

Hier wird uns eine Lehre angeboten, die zugleich sehr einfach und sehr tiefgründig ist. Ich glaube, wir alle spüren ganz unmittelbar die Wahrheit dieser Lehre; aber beständige Übung ist nötig, um sie unter allen Umständen im Leben anzuwenden und daran zu denken, dass die Verbindung, die wir mit jeder Person haben, genau die Brücke ist, die uns mit Gott vereint.

Was bedeutet es nun, getreu unsere Dienste allen zu erweisen, die sie benötigen? Wir sind im Leben vielen Anforderungen ausgesetzt, zumutbaren und unzumutbaren. Meint Inayat Khan, dass wir alles erfüllen müssen, was ein jeder, der zu uns kommt, von uns verlangt? Wenn wir die Worte, die er in dieser Regel benutzt, sorgfältig betrachten, dann stellen wir fest, dass er das Wort „benötigen“ und nicht „erbitten“, „fordern“ oder „verlangen“ gewählt hat. In einer gegebenen Situation ist das, was „nötig“ ist, etwas anderes als das, was „gefordert“ wird. Etwas, was nötig ist, ist ein haqq, ein Recht oder eine Wahrheit. Die Realität (haqiqat) ist ein Netzwerk wechselseitiger Rechte und Verantwortlichkeiten. Anderen Menschen treue Dienste zu erweisen heißt, sie zu respektieren als ein anderes Selbst, ihre Rechte zu achten und so weit wie möglich zu ihrem Glück beizutragen.

Wir können und müssen nicht die Anforderungen aller Menschen zu allen Zeiten befriedigen. Manchmal macht man, wenn man eine Person glücklich machen will, zehn andere unglücklich. Und manchmal, wenn wir den Anforderungen eines anderen nachkommen, schmälert das tatsächliche Ergebnis eher das wahre Glück dieses Menschen, anstatt es zu vergrößern.

Wenn wir uns konfrontiert sehen mit Erwartungen, die wir nicht erfüllen können oder wollen, dann reagieren wir nur allzu oft so, dass wir widerwillig nachgeben, im Ärger einen Streit anfangen oder uns ängstlich zurückziehen. Dem *haqq* einer Person entgegenzutreten ist etwas ganz und gar anderes. Es bedeutet, intuitiv zu erfassen, was in einer Situation wirklich nötig ist, zu antworten auf – wie mein Vater sagte – „das, was durchscheint durch das, was erscheint“. Vielleicht müssen wir dabei einen Grundsatz wahren, den zu verstehen oder zu akzeptieren die andere Person noch nicht bereit ist. Und doch tun wir es mit der bedingungslosen Liebe von Reisegefährten auf einem endlosen und uns endlos verwandelnden Pfad.

In den Annalen des Rittertums lesen wir Geschichten von lebenslangen Erzfeinden, die einander am Ende als die treuesten Freunde erkannten. Wenn das *haqq* des anderen klar gesehen wird, dann wird sogar eine Konfliktsituation vom Licht einer tiefen Seelenverbindung durchflutet.

Natürlich sind nicht alle Anforderungen unangemessen. Auch werden nicht alle berechtigten Ansprüche in Worten ausgedrückt. Wir müssen nur unsere Augen öffnen und genau hinsehen, dann werden wir zweifellos feststellen, dass Gelegenheiten, anderen Menschen in unserem Umfeld treue Dienste zu leisten und dazu beizutragen, dass sie glücklicher werden, reichlich vorhanden sind.

Eiserne Regel 9 und 10

Mein gewissenhaftes Selbst,
ziehe keinen Gewinn daraus, andere in Schwierigkeiten zu bringen.

Mein gewissenhaftes Selbst,
schade niemandem, um dir selbst einen Vorteil zu verschaffen.

Die neunte Regel lautet: *„Mein gewissenhaftes Selbst, ziehe keinen Gewinn daraus, andere in Schwierigkeiten zu bringen."* Und die zehnte ist sehr ähnlich: *„Mein gewissenhaftes Selbst, schade niemandem, um dir selbst einen Vorteil zu verschaffen."* Ich denke, dass diese beiden Prinzipien zusammen betrachtet werden können, da sie sehr nahe verwandt sind. Ziehe keinen Nutzen daraus, dass du jemanden in Schwierigkeiten bringst, und verschaffe dir keinen Vorteil aus der Schädigung eines anderen. Wie so viele der Eisernen Regeln sind dies Ideen des gesunden Menschenverstandes, und wahrscheinlich akzeptiert sie jeder von uns ganz selbstverständlich und würde niemals einem anderen Menschen bewusst zum eigenen Vorteil Schaden zufügen oder jemanden zum eigenen Nutzen in Schwierigkeiten bringen.

Worum es aber bei der Kontemplation dieser Gedanken geht, ist nicht nur, dass wir aus unserem eigenen Bewusstsein heraus handeln, sondern dass wir unser Bewusstsein ausdehnen und vertiefen, um auch das Unbewusste bewusst zu machen. Dann könnten wir entdecken, dass wir oft die Tiefe einer Situation nicht genügend ausloten, um zu entscheiden, ob jemand tatsächlich durch unser Handeln in Schwierigkeiten gebracht oder verletzt würde, weil wir so selbstverständlich auf unsere eigenen Ziele fixiert sind. Sollte man uns auf den Ärger aufmerksam machen, den wir anderen bereiten, würden wir ohne Zweifel unseren Kurs ändern, aber wir machen uns nicht die Mühe, unser Bewusstsein dafür zu wecken. Tatsächlich tun wir womöglich sogar das Gegenteil, wir schauen weg und vermeiden es, Zeuge unseres Handelns zu werden, weil sich dadurch die Situation noch komplizierter gestalten würde. Aber dieses Vermeiden lässt einen falschen Klang in unser Bewusstsein einfließen, denn irgendwo in den Tiefen unseres Gemüts, in unserer Seele können wir nicht anders, als die Wirkung unseres Handelns wahrzunehmen. Sie lauert in den Tiefen und wird zu einer Quelle von Schuldgefühl, Scham und Furcht. Auch wenn diese Gefühle nicht bewusst erkannt werden, bleiben sie unter der Oberfläche bestehen.

Das beharrliche Streben nach persönlicher Befriedigung unter Ausklammerung des Wohlergehens anderer kann durchaus zum Erfolg führen. Sehr oft ist die Welt so beschaffen, dass Rücksichtslosigkeit eine effektive Strategie ist. So mag man kurzfristig auf diese Weise Erfolg haben und ein gewisses Glück erlangen. Aber dieses Glück ist das Glück der *nafs al-ammara,* des „gebieterischen“, herrischen Selbst, des Selbst, das sich mit aller Deutlichkeit von jedem anderen Menschen abhebt und hartnäckig sein Eigeninteresse auf Kosten anderer verfolgt. Dieses Selbst hat sein eigenes Glück, und in diesem Glück liegt ein bestimmtes Vergnügen, aber es ist ein kurzlebiges, ein hohles Vergnügen, und es ist belastet mit Angst und Sorge, getrübt von Schuldgefühlen.

Letzten Endes erweist sich also, dass es keinerlei Befriedigung verschafft, weil es exklusiv ist, das heißt, die anderen ausschließt.

Es gibt aber eine andere Art von Glück, und das ist das Glück der nafs *al-lawwama,* der *nafs,* die sich als Teil eines größeren Ganzen sieht. Dieses Ganze könnte die eigene Familie oder die eigene Nachbarschaft sein, dieses Ganze könnte die eigene Nation sein, die eigene Religion, die eigene Spezies, die ganze Biosphäre oder sogar das ganze Sein. Auf jeden Fall lernt man, dass man sich niemals aus dem Gewebe des Lebens lösen und dabei erwarten kann, auf autonome Weise Zufriedenheit zu finden. Man erkennt mehr und mehr, dass die wahre Erfüllung im eigenen Beitrag zur Erfüllung des Ganzen liegt. Und das Glück, das daraus erwächst, ist ein viel größeres Glück. Es hat auch seine Triumphe; es hat auch seine Erfolge; es hat auch seine Ziele, die erreicht werden und über die wir uns freuen. Aber die Freude an diesen Zielen ist etwas ganz Besonderes, weil sie vollkommen frei von Schuld, Scham, Angst und Sorge ist. Diese Gefühle tauchen nur auf, wenn wir andere dominieren und unser Erfolg auf einen rücksichtslosen Wettkampf mit ihnen zurückgeht. Was uns wirklich zufrieden macht, das ist die Teilhabe, das Gefühl, ein Teil von etwas zu sein, das größer ist als wir selbst, einen Beitrag zu leisten zum Aufbau einer Welt, die der Erfüllung des ganzen Seins dient.

Blickt man auf sein eigenes Leben zurück, so wird deutlich, dass die flüchtigen Freuden, von denen lediglich unser kleines Selbst profitierte, wirklich keinen bleibenden Wert haben. Sie verschwinden genauso schnell, wie sie genossen werden. Dagegen sind die Erfolge, die auf Teilhabe, Zugehörigkeit, Mitgefühl und wechselseitiger Bezogenheit beruhen, die unsterblichen Triumphe, die im Hauptbuch der göttlichen Evolution verzeichnet sind und die dauerhaftes Glück bringen werden.

So ermahnen uns diese zwei Regeln, bei jeder Entscheidung, die wir treffen, über unseren persönlichen Vorteil hinauszusehen, obwohl dieser ebenfalls wichtig ist. Verleugnen Sie nicht Ihre persönlichen Bedürfnisse und Ihre eigene Befriedigung. Sie ist ein Teil der Befriedigung des Universums; wenn Sie sich selbst ausschließen, ist das Glück unvollständig. Sie sind ein wesentlicher Bestandteil dieser Befriedigung. Aber das Gleiche gilt für die Gemeinschaft der Wesen, von denen Sie umgeben sind. Also möchte man abwägen: Haben die Wesen um mich herum, die daran teilhaben, auf die sich meine Entscheidung auswirkt, einen Nutzen davon? Fördert meine Entscheidung oder mein Handeln ihr Glück und das zukünftiger Generationen?

Als Nation legen wir uns selten Rechenschaft ab über die Zukunft unserer Kinder und deren Kinder und deren Kinder über sieben Generationen, wie die Ureinwohner Amerikas es taten. Wir schaffen ein riesiges Defizit, verbrauchen die Ressourcen zukünftiger Menschen. Würden wir diese Regeln in unseren kollektiven Einrichtungen anwenden, dann würden wir vielleicht ein ganz anderes Leben führen. Wir müssen also an all die Menschen, Tiere und Pflanzen denken, die von unseren Handlungen betroffen sind, und Acht geben, dass jede unserer Handlungen zum Aufbau der schönen Welt beiträgt, die wir ersehnen.

KUPFERNE REGEL 1

Mein gewissenhaftes Selbst, deine Verantwortung sei dir heilig.

Jede Kupferne Regel beginnt damit, dass wir als Leser und Leserin uns selbst ansprechen, denn die Regel kommt nicht von einer äußeren Autoritätsperson. Sie stammt aus unserem eigenen Gewissen, das zu sich selbst spricht und sich selbst erneut den Grundsätzen verpflichtet, die wir uns ohnehin als unser eigenes Ziel gesetzt haben.

So sagen wir: *„Mein gewissenhaftes Selbst, deine Verantwortung sei dir heilig."* Hier gibt es zwei Schlüsselwörter: „Verantwortung" und „heilig". Das englische Wort „responsibility" (Verantwortung) hat eine lateinische Wurzel, die „erneuertes Versprechen" bedeutet. *Re* heißt „wieder" und *spondere* heißt „versprechen". „Responsibility" kommt von dem Verb „respond", und „to respond" bedeutet „wieder versprechen". Wenn wir über ein „erneutes Versprechen" nachdenken, erinnert es uns an eine esoterische Lehre, die man im edlen Koran findet. Sie weist darauf hin, dass es vor dem Anbruch unseres irdischen Lebens einen uranfänglichen Tag gab. Da wurde, noch vor jeglicher Existenz, die Seele jedes Menschen vor die Göttliche Gegenwart berufen, sie wurde, wie es heißt, hervorgebracht aus den Lenden Adams. Und es wurde der Seele eine Frage gestellt. Diese

Frage war *alastu bi rabbikum,* „Bin ich nicht euer Herr (*rabb*)?"

Meistens wird *rabb* mit „Herr" übersetzt, und es spricht einiges dafür. Wenn wir jedoch „Herr" hören, denken wir meistens an einen feudalen Diktator, aber *rabb* hat noch viele weitere Bedeutungen. Es ist verbunden mit dem Wort *tarbiya,* was Anbau von Kräutern, Früchten und Gemüse ebenso wie Erziehung und Pflege von Kindern bedeutet. Also meint tarbiya aufziehen, schützen, pflegen und es ermöglichen, dass jemand oder etwas sein volles Potential entfaltet. *Rabb* ist dementsprechend derjenige, der – wie wir mit den Worten aus dem Gebet Saum[7] sagen können – „Schöpfer, Erhalter, Richter und Verzeiher" ist.

Genau in dem Moment, als wir erschaffen wurden oder unsere Erschaffung vorgesehen war, rief uns die Quelle aller Schöpfung zu sich und stellte uns vor die herausfordernde Frage: „Bin ich nicht dein rabb?" *Rabb* bedeutet hier Beschützer und Lehrer, hat aber noch eine weitere, gleich wichtige Bedeutung: *rabb* heißt auch Archetyp.

Die Beziehung zwischen einem einzelnen Wesen und einem Archetyp ist eine Beziehung zu einem *rabb.* So spricht zum Beispiel Shahabuddin Suhrawardi von bestimmten Typen von Engeln als *rabb an-nau,* was „Herr der Arten" oder „Archetyp der Arten" bedeutet. Mit anderen Worten, für die Spezies Pferd gibt es einen Engel, der die Gesamtheit

7 Saum: Erstes Gebet im Universellen Gottesdienst, der von Hazrat Inayat Khan begründeten interreligiösen Feier

der ganzen Art repräsentiert. Man könnte sagen, es gibt ein Wesen, das „Pferdheit“ darstellt, das „kosmische Pferd“. Es ist der Archetyp aller Pferde, und alle Pferde leben und bewegen sich innerhalb dieses Wesens. Es gibt ebenfalls einen Archetyp für die Menschheit.

Aber der ultimative Archetyp, der Archetyp der Archetypen für die Menschheit und alle Spezies ist das Göttliche Wesen. Es ist das ewige Wesen, das durch unsere endliche Existenz beispielhaft veranschaulicht wird.

Wir werden also in dem Augenblick gefragt, in dem wir so etwas wie eine Art autonomes, individuelles Sein haben, in dem Moment, in dem Selbstheit möglich wird: „Für wen existierst du? Als Teil von wem? Wer ist deine Matrix?“ Und die Seelen werden von der Macht dieser Frage überwältigt. Es ist eine erschütternde Frage. Es ist ein uranfänglicher Augenblick intensiver Kraft: die rohe, nackte Gegenüberstellung zwischen Schöpfer und Geschöpf und die Definition der Beziehung zwischen beiden. Nichts könnte grundlegender oder schlichter sein als das.

Es ist eine einfache Frage, die hier gestellt wird, und die Antwort ist ebenso einfach. Die Antwort ist *bala*, „ja“. Dieses „Ja“ ist die bewegende Kraft, die Macht, die das Wesen, die Seele in die Manifestation schleudert. Bis dahin war die Seele eine Möglichkeit. Die Bestätigung durch das „Ja“ trieb die Seele voran durch die Reiche der Natur: das mineralische, das pflanzliche, das tierische, das menschliche Sein. Die Seele wagte sich durch die Wechselfälle der Geschichte, bis schließlich das Leben der Seele in der gegenwärtigen Inkarnation seinen Höhepunkt fand.

Das ist es, was uns hierher gebracht hat, und jetzt ist es unsere Aufgabe, uns zu erinnern und dieses „Ja" erneut zu bestätigen, das ursprüngliche Leitmotiv hinter all unseren Handlungen. Alles wird bestimmt von diesem entscheidenden „Ja". Wir sollten jeden Schritt, den wir vorangehen, in dem Bewusstsein dieses ursprünglichen „Ja" nehmen.

Verantwortung, *re-spondere,* erneut versprechen, sich erneut verpflichten ist also Erinnerung und Bestätigung dieses allerersten „Ja". Wenn wir demnach zu uns selbst sagen: „Deine Verantwortung sei dir heilig", so heißt es zuallererst und vorrangig: Betrachte die Bestätigung dieses ursprünglichen „Ja" als dein eigentliches Ziel, deine heilige und zwingend gebotene Aufgabe.

Es gibt einen zweiten Gesichtspunkt, der im Zusammenhang mit Verantwortung erwähnt werden sollte, nämlich, dass Verantwortung (responsibility), was auf Lateinisch „erneut versprechen" bedeutet, in Sanskrit mit dem Begriff *dharma* bezeichnet wird. Dharma ist Verantwortung, und *dharma* ist zugleich der Ort unserer persönlichen Qualitäten. Wenn man zum Beispiel den menschlichen Körper betrachtet, so enthält jede Zelle die DNS des ganzen Körpers, aber die DNS wird über die RNS umgesetzt in Funktionen, die der spezifischen Aufgabe dieser besonderen Zelle entsprechen. Die Funktionen und Abläufe in jeder Zelle sind unterschiedlich, je nach ihrer spezifischen Aufgabe. So kann man sagen, dass die Bejahung des Göttlichen Wesens als unser Archetyp damit zu tun hat, dass wir die Ganzheit unserer genetischen Zusammensetzung in jeder Zelle wiedererkennen.

Andererseits gilt es aber zu erkennen, dass wir eine ganz bestimmte Rolle im Gewebe des Lebens zu spielen haben und dass wir aufgrund unserer Situation, unseres spezifischen Platzes in diesem Gewebe des Lebens eine ganz bestimmte Verantwortung haben, die niemand sonst übernehmen kann. Sie unterscheidet sich von der Verantwortung jedes anderen Menschen, und das heißt, dass wir nicht alles für alle Leute sein können.

Wir haben eine ganz eigene Aufgabe, und unsere Erfüllung liegt darin, dass wir diese besondere Aufgabe aufrichtig und treu erfüllen. Doch allzu oft haben wir das Gefühl, als sei die Aufgabe eines anderen prestigeträchtiger oder anscheinend sinnvoller, und so werden wir von der Arbeit, die in unsere eigenen Hände gelegt wurde, abgelenkt, weil sie uns unwichtig erscheint.

Aber der Grundsatz, den Krishna in der *Bhagavad Gita* lehrt, besagt, dass die eigene Aufgabe heilig ist, nicht die eines anderen. Lord Krishna geht sogar so weit zu sagen, es sei besser, die eigene Aufgabe unvollkommen zu erfüllen, als die Aufgabe eines anderen perfekt zu erfüllen. Worum es also geht ist Verantwortung, zu wissen, für was man verantwortlich ist: Was sind die eigenen Aufgaben im Leben, welche Forderung stellt das Leben an mich? Das wird anders sein als die Anforderung, die das Leben an irgendjemand anderen stellt. Erfassen Sie diesen Wirkungsbereich Ihrer Verantwortung, und erkennen Sie, dass es innerhalb dieses Wirkungsbereichs nichts Heiligeres gibt, als aufrichtig, authentisch und im Geist der Verantwortlichkeit auf die Erfordernisse in diesem Bereich einzugehen, wie klein dieser Bereich auch immer sein mag, wie scheinbar unbedeutend die Aufgabe. Genau dort liegt Ihre Antwort auf die göttliche Frage.

KUPFERNE REGEL 2

Mein gewissenhaftes Selbst, sei höflich zu allen.

Unsere kupferne Regel für heute ist sehr einfach, nämlich: *„Mein gewissenhaftes Selbst, sei höflich zu allen."* Sie erinnert mich an einen Ausspruch von Abu Hafs al-Haddad aus Nishapur. Er war ein sehr früher Sufi, vermutlich aus dem 9. Jahrhundert, der von Hujwiri in seinem *„Kashf al-Mahjub*[8]*"* zitiert wird. Er sagt: *„At-tassawuf kullahu adab."* Das bedeutet: Der Sufismus, *at-tassawuf*, ist ganz und gar *adab*, ist voll und ganz die Lehre der guten Umgangsformen. Und weiter: *„Der Sufismus besteht in Gänze aus guter Umgangsform. Jede Zeit, jeder Ort und jede Situation hat ihre eigenen Anstandsformen. Diejenigen, die die Anstandsformen jeder Situation beachten, erlangen den Rang der Heiligen."*

Das ist eine äußerst interessante Aussage, denn sie entzieht vielen unserer Vorstellungen darüber, was ein spiritueller Weg letztendlich bedeutet, den Boden. Der Schwerpunkt liegt hier nicht auf okkulten Errungenschaften, nicht einmal auf Frömmigkeit, auf Genauigkeit im Durchführen von Ritualen oder auf Glaubenslehren. Der Schwerpunkt liegt auf

[8] eine der ältesten persischen Abhandlungen über den Sufismus

gutem Benehmen, auf dem Verhalten in Beziehungen, dem Verhalten gegenüber anderen, der Fähigkeit, mit einer Situation in Einklang zu kommen.

Für Abu Hafs Haddad ist demnach der Weg, sich spirituell zu entwickeln, nicht mehr und nicht weniger als Höflichkeit zu erlernen. Und Höflichkeit, sagt er, ist situationsbedingt. Das bedeutet, aufmerksam und eingestimmt auf den Kontext zu sein, auf die beteiligten Personen, auf das, was in diesem Augenblick angebracht ist. Und natürlich ist Höflichkeit kein formalistischer Benimmkodex, keine Etikette, die man formell erlernen kann. Sie ist eine Etikette, die aus der Qualität einer fein eingestimmten Achtsamkeit hervorgeht.

Wir alle bemühen uns bewusst oder unbewusst um diese Verfeinerung und Vornehmheit unseres Verhaltens. Aber wir beobachten, obwohl für uns das Ideal der Höflichkeit gilt, dass es Zeiten gibt, in denen wir weniger höflich sind, als wir gerne wären. Wenn das geschieht, dann ist meistens der Grund dafür, dass wir uns überfordert fühlen. Entweder sind wir mit Verantwortung oder mit Arbeit überlastet, und wenn dann noch eine zusätzliche Anforderung hinzukommt, taucht das Gefühl auf, dass wir am Ende unserer Leistungsfähigkeit sind. Das ist der Zeitpunkt, an dem wir ausgesprochen gereizt reagieren. Oder wir stehen unter Zeitdruck, wir haben es eilig, wir müssen etwas auf die Schnelle erledigen. Da geschieht es auch, dass die Höflichkeit aussetzt. Ebenfalls wenn wir übermüdet oder erschöpft sind. Dies sind Zeiten, da ist es fast unvermeidlich, dass der Standard der Etikette gefährdet ist.

Die Aussage „Sei höflich zu allen“ verlangt nicht nur, sich höflich zu verhalten. Hier ist es erforderlich, Bedingungen in unserem Leben zu schaffen, die gewährleisten, dass Höflichkeit auf ganz natürliche Weise in Erscheinung treten kann. Denn wenn wir ständig in Eile, ständig in Zeitnot sind und uns anlässlich einer gegebenen Situation innerlich angespannt fühlen, dann neigen wir leicht dazu, die Etikette außer Acht zu lassen.

Es geht nicht nur darum, sich sozusagen in gutem Benehmen zu üben, zu erkennen, was der Unterschied zwischen feinen und unfeinen Manieren ist. Es bedeutet auch, imstande zu sein, seinem Ideal entsprechend zu leben, indem wir einen Lebensrhythmus einführen, der dies erlaubt. Das heißt allerdings nicht, dass es keine Überraschungen, keine unerwarteten Herausforderungen und Notfälle geben wird.

Aber wenn man es geschafft hat, einen Lebensrhythmus einzuführen, der natürlich und von Gelassenheit geprägt ist, dann wird diese Gelassenheit sich auch auf die Umwelt auswirken, sogar in ungewöhnlichen Situationen. Ist hingegen der Lebensrhythmus gestört, dann wird sogar in Momenten, in denen man äußerlich Ruhe hält und von Verantwortung befreit ist, die innere Anspannung bestehen bleiben. Das heißt, dass die Höflichkeit in ihrem essentiellen Kern tatsächlich aus einem Zustand der Gelassenheit, aus innerem Frieden erwächst.

So lernen wir wahrzunehmen, wann man aus diesem ausgeglichenen, zentrierten Zustand herausgefallen ist. Dann weiß man, dass man in diesen Momenten sehr wahrscheinlich ohne Taktgefühl handeln wird, in einer Art und Weise, die nicht im Einklang mit dem Umfeld ist.

KUPFERNE REGEL 3

Mein gewissenhaftes Selbst, tue nichts, was dir ein schlechtes Gewissen oder Schuldgefühle bereitet.

Das Gewissen ist eine stille Stimme, die nur vom inneren Ohr gehört wird. Es gibt Zeiten, in denen wir, ohne jemandes Wissen, durch unsere eigene Selbstbeschuldigung gelähmt sind. Äußerlich erfreut man sich eines makellosen Rufs, doch innerlich werden wir zerfressen von einem nagenden Gefühl der Reue, von Scham und Schuld.

Obwohl niemand mit dem Finger auf uns zeigt, weiß das Gewissen, was wir gesagt oder getan haben, und weigert sich, es loszulassen.

Umgekehrt kann die ganze Welt sich gegen uns wenden, uns beschuldigen, anklagen und verurteilen, solange jedoch unser Gewissen rein ist, sind wir im Frieden. Im Endeffekt sind die Meinungen anderer Leute über uns nicht so wichtig. Wirklich wichtig ist unser eigener innerer Frieden. Wenn dieser Frieden gestört ist, dann verlieren wir das Selbstvertrauen. Immer macht sich die Angst bemerkbar, dass jemand anderes unser dunkles Geheimnis erfahren könnte. Man verbirgt ein schreckliches Geheimnis, und das untergräbt das eigene Selbstwertgefühl vollständig. Deshalb schlagen wir die Augen nieder und gehen nicht erhobenen Kopfes durch die Welt, sondern versuchen stets, unbemerkt zu bleiben. Das innere schlechte Gewissen lähmt uns, macht uns scheu und ängstlich.

Aber wenn unser Gewissen rein ist, wenn wir wissen, dass wir im Einklang mit unserem Ideal gehandelt haben, dann kann uns niemand einschüchtern. Wir haben nichts zu verbergen. Wir stehen vor der Welt völlig transparent da: Was im Inneren ist, ist das gleiche wie das, was im Äußeren ist. Wir treten mit einer gewissen moralischen Autorität auf, die sich aus der Integrität der Persönlichkeit entwickelt. Wir wollen alle an diesem Ort des inneren Friedens sein, von dem aus wir den Sinn unseres Lebens furchtlos verwirklichen können. Wir wünschen uns, frei von Angst und Furcht zu sein, die daraus resultieren, dass wir hinter unser Ideal zurückgefallen sind, und frei von der Befürchtung, jemand könne unser Geheimnis erkennen, es enthüllen und uns dem Spott der Welt aussetzen. Die Wahrheit ist aber, dass es kein einziges menschliches Wesen gibt, das immer in Übereinstimmung mit seinem Ideal gehandelt hat. Wir alle haben Fehltritte auf unserem Gewissen.

Es ist der Weg der Sufis, dass sie die eigenen Begrenzungen akzeptieren und offenlegen, anstatt sie zu verstecken, und kein Geheimnis aus ihren Fehltritten und Vergehen machen. Wer authentisch in seiner Position ist, hat nichts zu befürchten. Man hält sich nicht länger versteckt. Niemand kann uns manipulieren, weil es kein Geheimnis herauszufinden gibt. Die innere Arbeit besteht darin, das Gewissen zu klären, indem wir uns mit der eigenen Wirklichkeit ehrlich befassen und freimütig Fehler zugeben – mit dem Ziel, rein zu werden.

Wenn wir in diesem Prozess tiefer schauen, so erkennen wir, dass es verschiedene Arten von Schuld gibt. Das Gewissen hat zwei Aspekte. Der eine besteht aus dem erworbenen Wissen, der andere aus direktem Wissen. Erworbenes Wissen stammt aus den Einflüssen unserer Eltern, unserer Erziehung, unserer Kultur usw.. Die Summe dieses Wissens ist ein Mischmasch aus Werturteilen, bewussten und unbewussten, rationalen und irrationalen.

Obwohl diese Bewertungen vordergründig einer wohlgeordneten Gesellschaft dienen, werden diese Einstellungen in der Praxis doch oft nicht den Nuancen und der Komplexität des wirklichen Lebens gerecht; sie werden zu verhärteten, absolut gesetzten Prinzipien, die die wahre Natur der Realität eher verschleiern, als sie zu enthüllen. Wer wach und aufmerksam ist, den zwingen früher oder später die Erkenntnisse aus der eigenen Lebenserfahrung, die engen Grenzen der ererbten Normen zu überwinden.

Aber wenn ein tieferes oder vollständigeres Verstehen einer Situation uns auffordert, von der künstlichen Norm abzuweichen und unserer wahren Intuition zu folgen, erfährt der Teil unseres Gewissens, der die Prägung der angenommenen Ideen trägt, die Abweichung als Konflikt, weil es dem, was uns gelehrt wurde, widerspricht. So sind wir im inneren Konflikt, und dieser innere Konflikt schlägt sich nieder als ein Gefühl von

Schuld und Scham.

Deshalb tragen wir alle einen Rest von Schuld und Scham in uns, es sei denn, wir reinigen unser Gewissen durch *muhasaba*, das heißt durch eine Selbstprüfung. Sonst besteht dieser Rest als nagendes Gefühl im Innern fort. Um das Gewissen zu erforschen, muss man laut Hazrat Inayat Khan die *nafs al lawwama* befragen. Das ist der Teil unseres Selbst, der selbstkritisch ist. Man fragt sich selbst: „Was ist das Wesen meiner Verfehlung?" Dann finden wir vielleicht heraus, dass die Stellungnahme unseres selbstkritischen Selbst auf einer äußeren, angenommenen Meinung beruht, die sich dem eigenen Gewissen eingeprägt und die es internalisiert hat. Es ist keine direkte Wahrnehmung der Situation, sondern nur eine abstrakte Idee, die von außen in das eigene Gewissen eingedrungen ist.

Dann müssen wir weiter fragen: „Wenn diese abstrakte Idee negative Gefühle und Erwartungen in mir auslöst, warum sollte ich mich danach richten? Was ist der Zweck dieses Grundsatzes? Was für einen Vorteil hat es, diesem Grundsatz zu folgen? Was für ein Nachteil ergibt sich daraus, ihm nicht zu folgen?" Inayat Khan empfiehlt uns, unser Gewissen in dieser Art und Weise zu befragen, so dass wir, wenn wir uns selbst verurteilen, wie wir es oft tun, das Denken, das dahintersteht, klar verstehen. Manchmal löst eine solche Innenschau das negative Urteil über uns selbst vollständig auf. Man begreift, dass das eigene Schuldgefühl auf einer von außen angenommenen Auffassung beruhte, die nicht direkt auf die Situation bezogen war; sie war nur eine künstliche Überlagerung.

Der Prophet Abraham lehnte sich gegen die Tradition seiner Väter auf. Er war in eine ideologische Lehre der Götzenanbetung hineingezwängt worden, und an einem bestimmten Punkt konnte er nicht anders, als dieser alten Lehre abzuschwören und seinen eigenen Weg zu finden. Das gilt auch für uns. An einem bestimmten Punkt unserer Herzensbildung müssen wir all unsere Vorstellungen, die uns vermittelt wurden, neu überprüfen und das Licht des Verständnisses, das aus unserer eigenen Erfahrung stammt, darauf werfen. In diesem Prozess werden viele unserer negativen Selbstbeurteilungen als irrelevant enthüllt, als von außen aufgezwungene Betrachtungsweisen, und durch diese Erkenntnis lösen sie sich dann auf.

Andererseits gibt es auch Urteile, die aus der echten Wahrnehmung unserer inneren Führung hervorgehen, aus unserem intuitiven Gefühl für Anstand, für das Rechte. Wir können uns einerseits für das entscheiden, was der Ganzheit des Seins in einer gegebenen Situation dient, oder andererseits den Bedürfnissen eines kleinen Bereichs des eigenen Selbst oder eines Teilbereichs der Ganzheit des Seins auf Kosten des Ganzen auf unangemessene Weise den Vorrang einräumen. Dann geht der Sinn für Ganzheit, der Sinn für Integrität verloren. Dann hat ein kleiner Teil des eigenen Selbst, ein unbedeutender Impuls über die tieferen Strömungen der Sinnhaftigkeit und Erfüllung den Sieg davongetragen.

Wenn man auf diese Ebene der Bewusstwerdung gelangt ist, beginnt eine andere Ebene des Gewissens wirksam zu werden. Es ist nicht länger das Gewissen, das schrill und unablässig Einspruch erhebt gegen jeden Gedanken und jede Tat, die es nicht versteht. Es ist die Führung der Seele, die uns ermutigt, wenn unsere Handlungen in die richtige Richtung zielen, und die uns warnt, wenn wir aus dem Gleichgewicht geraten sind. Wer einmal gelernt hat, auf diese innere Stimme der Führung zu hören, erkennt an einem bestimmten Punkt, dass man keine äußere Bestätigung mehr braucht.

In einem bestimmten Stadium der menschlichen Entwicklung ist das eigene Verhalten davon abhängig, welche Menschen uns umgeben. In der Gegenwart einer Person, die wir sehr hochachten, benehmen wir uns entsprechend gut. Zu anderen Zeiten und anderen Menschen gegenüber lässt man sich einfach gehen. Aber dann kommen wir im Laufe der Entwicklung auf dem Weg an den Punkt, wo derjenige, den man achtet, das eigene tiefste Selbst ist. Und dieses Selbst ist immer anwesend. Die Essenz des eigenen Selbst, das göttliche Licht der Seele, ist immer gegenwärtig. Und man fühlt, dass man dieser Präsenz gegenüber verantwortlich ist. Wenn wir die Verantwortlichkeit spüren und dem Zwang unserer destruktiven Gewohnheiten widerstehen, schaffen wir es immer häufiger, die Schlacken unserer Fehler aus der Vergangenheit abzutragen.

Natürlich werden uns weiterhin Fehler unterlaufen. Sich zu weigern, diese anzuerkennen, wie es unsere Gewohnheit ist, ist der größte Fehler von allen. Der schlimmste Fehler ist nicht der fehlgeleitete Impuls. Das ist unser kleinstes Problem. Der fehlgeleitete Impuls ist nur der Anfang. Das Schlimmste geschieht, wenn wir versuchen, den Fehler zu verleugnen und zu verbergen. Sir Walter Scott sagte: *„Oh, was für ein verworrenes Netz weben wir, wenn wir einmal beginnen zu täuschen!“* Das ganze Leben kann ein Haufen von Lügen werden. Und obwohl es so aussieht, als würden wir andere Leute belügen, so belügen wir doch eigentlich nur uns selbst.

Die größte Tugend ist also nicht, unfehlbar zu sein, sondern, nachdem man Fehler gemacht hat, sie einzusehen und zu akzeptieren, die Verantwortung dafür zu übernehmen, Wiedergutmachung zu leisten, Vergebung anzunehmen und dann mit reinem Gewissen weiterzumachen. Durch diese innere Haushaltung entwickelt man in erstaunlichem Maße Mut und Furchtlosigkeit.

Also noch einmal, es gibt zwei Aspekte des Gewissens. Da ist einmal das erlernte Wissen des Gewissens, das hinterfragt und in den richtigen Zusammenhang gebracht werden muss, und zum andern das direkte Wissen des Gewissens, das eine tiefere, intuitive Seelenempfindung ist. Zunächst könnte es schwer sein, den Unterschied zwischen den beiden zu erkennen. Es ist schwer aus dem Grunde, dass wir es meist gar nicht versuchen. Sobald man es aber versucht – sobald man sich, wenn man so etwas wie Gewissensbisse verspürt, nach innen wendet und das Gefühl näher betrachtet –, wird man die Unterschiede feststellen können. Wenn wir so arbeiten, entwickeln wir die Fähigkeit zu differenzieren und werden sehr bald die Stimme des reinen Gewissens unmittelbar erkennen können. Sie wird uns eine gute Freundin werden.

Lassen Sie uns das für einen Augenblick praktizieren. Wir schließen unsere Augen und atmen ins Herz ein und wieder aus. Erinnern Sie sich, dass Inayat Khan sagte: *„Ein reines Gewissen gibt uns die Kraft von Löwen, und ein schlechtes Gewissen bewirkt, dass selbst Löwen zu Hasen werden können."* Können Sie die hasenartige Qualität spüren, das Gefühl von Zurückhaltung, Beklommenheit und Furcht, das innere Zittern, das man empfindet, wenn man hinter sein Ideal zurückfällt? Tauchen Sie ein in diese Empfindung und erkennen Sie, dass es die mentale Spur von Handlungen ist, die in die falsche Richtung weisen. Achten Sie einen Moment lang bewusst auf das Gefühl, das wahre Ziel verfehlt zu haben. Erlauben Sie sich, ganz direkt die Reue und Scham zu erfahren, die dieses Gefühl begleiten.

Nun fragen Sie sich: „Warum war es falsch?" Gibt es einen Regelkanon, der dem, was ich getan habe, entgegensteht, und wenn ja, was ist die wahre Grundlage dieses moralischen Gesetzes? Ist es lediglich ein ungeprüftes Vorurteil meiner Familie oder meiner Gesellschaft? Ist die Scham, die ich fühle, nur eine Folge der Unangepasstheit an eine kollektive Idee, die kaum einen wirklichen Bezug zu den Umständen meines realen Lebens hat? Oder hat meine Handlung tatsächlich Leid verursacht? Und wenn es Leid gab, wer wurde verletzt? Wurde ich verletzt? In welcher Weise wurde ich verletzt? Wurden andere Leute verletzt? In welcher Weise wurden sie verletzt? Hätte dieses Leid verhindert werden können? Und wenn es eine verletzende Handlung war, welche Vorgeschichte hat mich dazu geführt, so zu handeln? Gab es eine gute Absicht hinter meiner Tat, die jedoch auf dem Kurs, den ich zu ihrer Umsetzung einschlug, nicht gefördert wurde? Habe ich versucht, richtig zu handeln, handelte am Ende aber doch falsch?

Wer die ursprünglich positive Motivation entdeckt, die fehlgeleitet wurde, lernt die wichtige Lektion, wie eine gute Absicht umgesetzt wird und wie man sie nicht umsetzt. Ich trage also jetzt zwei Dinge in mir: zum einen die gelernte Lektion und zum andern die Scham über meinen Fehler. Von der gelernten Lektion profitiere ich, wenn ich voranschreite. Die Scham dagegen nützt weder mir noch sonst irgendwem. Vielleicht habe ich die Vorstellung, dass der einzige Weg, die gelernte Lektion zu bewahren, darin besteht, auch die Scham zu bewahren – aber stimmt das wirklich? Wenn ich die Scham aufrechterhalte, dann wiederhole ich in gewisser Weise den Fehler. Ich frage mich also: Kann ich meinen Irrtum überwinden, indem ich mir erlaube, die göttliche Vergebung zu erfahren, die bereits gewährt wurde, und aufhöre, den Fehler in meiner geheimen Scham ständig zu wiederholen? Kann ich meinen Fehler annehmen, meine Begrenzung akzeptieren, kann ich zulassen, dass sie in das göttliche Erbarmen und Mitgefühl erhoben werden, während ich die bleibende Essenz dieser transformativen Erfahrung in mir bewahre, die eine lebendige Moral ist und meinen Weg in die Zukunft erleuchtet?

Wenn wir diese kristallene Klarheit in jede Quelle der nagenden Schuldgefühle in unserer Psyche bringen können, dann bereiten wir den vielen Leichen in unserem Keller ein ordentliches Begräbnis, und wir werden unerschrocken und ohne Scham in unserem Leben voranschreiten.

Wir werden den Anweisungen Christi folgen und das Licht unserer Seele unter dem Scheffel der Schuld hervorholen. Noch einmal die kupferne Regel des Tages:

Mein gewissenhaftes Selbst,
tue nichts, was dir ein schlechtes Gewissen oder Schuldgefühle bereitet.

KUPFERNE REGEL 4

Mein gewissenhaftes Selbst,
hilf bereitwillig denen, die in Not sind.

Ein wichtiger Aspekt der spirituellen Ritterschaft ist, Ausschau zu halten nach denen, die Hilfe brauchen, und seine Dienste anzubieten, ohne durch irgendwelche Fesseln gebunden zu sein. *Gharib* bedeutet der oder die Arme, Ausgestoßene, Notleidende. Den Notleidenden zu dienen ist fundamental für den Sufiweg. *Nawaz* bedeutet unterstützen, nähren, sich kümmern um jemanden. *Gharib nawaz* ist der Freund der Freundlosen, der Freund der Ausgestoßenen. Es gibt keinen größeren Titel. Nichts ist wichtiger.

An der *khanqah*[9] des Scheichs Nizam al-Din-Awliya in Delhi wurde jede erhaltene Spende an Menschen in Not verteilt, üblicherweise noch bis zum Ende desselben Tages. Eines Nachts warf sich der Scheich im Bett hin und her und konnte nicht schlafen. Er ging in die Küche hinunter, öffnete den Schrank und fand einen Sack Reis. Er gab die Anweisung, den Reis unverzüglich zu verteilen, damit er in Frieden schlafen könne. Ein Bauer kam zu der *khanqah*. Er war einen sehr weiten Weg

[9] Sufi-Herberge

gereist, nachdem seine Ernte wegen einer Dürre ausgefallen war, und hoffte, dass der Scheich ihm helfen würde. Als er ankam, wurde ihm gesagt, dass an diesem Tag keine Spenden eingegangen seien und nichts da sei, was man ihm geben könne. Scheich Nizam al-Din gab seiner Liebe und seinem Mitgefühl Ausdruck, aber er hatte nichts Konkretes anzubieten – außer den Sandalen an seinen Füßen, die ihm von seinem Murshid[10], Scheich Farid al-Din Ganj-i Shakar, geschenkt worden waren, der sie wiederum von seinem Murshid, Scheich Qutb al-Din Masud Bakhtiyar Kaki, erhalten hatte. Enttäuscht nahm der Bauer die Sandalen und begann, sich auf die lange Heimreise zu machen. Auf seinem Weg kam er in eine Karawanserei. Dort sah er eine Karawane aus der Gegenrichtung herannahen. Einer, der in dieser Karawane reiste, war Amir Khusrau, den Scheich Nizam al-Din liebevoll „Turk Allah“ nannte, aufgrund seines türkischen Hintergrundes. Als er den Bauern sah, sagte er ihm, er habe bemerkt, dass dieser aus Delhi komme, und fragte ihn, ob er den großen Scheich Nizam al-Din gesehen habe. Der Bauer erzählte ihm, dass er um Hilfe gefleht habe, aber alles, was er erhalten habe, seien ein Paar gebrauchte Sandalen. Khusraus Augen leuchteten auf, als er sie sah. Er sagte: „Gib mir diese Sandalen und nimm dies.“ Dabei schob er dem erstaunten Bauern sein ganzes persönliches Vermögen zu, das er zufällig gerade bei sich trug. Dann platzierte Khusraw die Sandalen triumphie-

[10] Murshid: Lehrer auf dem spirituellen Weg

rend auf seinen Kopf und wanderte nach Delhi. Als Scheich Nizam al-Din ihn herankommen sah, fragte er: „Wieviel hast du für diese Sandalen bezahlt, Turk Allah?“ Khusrau antwortete: „Alles, was ich besitze.“ Der Scheich erwiderte: „Du hast ein gutes Geschäft gemacht!“

Wenn man gelobt, Notleidenden zu dienen, dann ist ein Aspekt eines solchen Versprechens, dass es ein gewisses Zögern überwindet, das uns sonst davon abhalten kann, uns im Dienst an anderen voll zu engagieren. Zum Beispiel könnten wir dazu neigen, zu bedürftigen Menschen Abstand zu wahren, aus Angst, wir könnten selbst in Not geraten. Es fällt uns leicht, aus der Ferne mit ihnen zu sympathisieren, aber wir fürchten die „Ansteckung“ des Unglücks. Da erinnert uns das Gelöbnis, bereitwillig Hilfe zu leisten, daran, die Unbeständigkeit menschlicher Umstände anzuerkennen. Glück kommt und geht, und niemand ist immun gegen die Wechselfälle des Schicksals. Wir sind alle zusammen hier, haben Anteil an dem Leben der unteilbaren einen Welt. Die Ansicht, dass wir ein größeres Recht auf Bequemlichkeit und Sicherheit haben als andere, ist eine fragwürdige These. Letzten Endes ist unser persönliches Glück abhängig vom Glück des Ganzen. Indem wir anderen dienen, dienen wir uns selbst. Psychologische Studien haben ergeben, dass diejenigen, die sich Zeit nehmen, einem sozialen Zweck zu dienen, die glücklichsten Menschen auf der Welt sind. Wirkliches Glück ist gleichbedeutend mit Mitgefühl und Dienst.

Wenn wir diese Lehren beherzigen, geben wir einem Ideal, das wir alle kennen und teilen, eine Stimme, und wenn wir ein Versprechen dieser Art gemeinsam abgeben, machen wir das Ideal noch lebendiger. Auf Bedürftigkeit zu hören und zu reagieren heißt, demütig zu versuchen, die Notleidenden einer neuen Hoffnung entgegen zu heben. Es erfordert inneres Gleichgewicht und Weisheit, um nicht der Hoffnungslosigkeit und Verzweiflung zu erliegen, wenn wir unsere Ohren dem Schrei der Menschheit öffnen. Was wir tun können ist, unseren eigenen kleinen Teil beizutragen und das Ergebnis dem Einen zu überlassen.

KUPFERNE REGEL 5

**Mein gewissenhaftes Selbst,
schau nicht auf diejenigen herab, die zu dir aufsehen.**

Diese Regel ist eine sehr zeitgemäße Mahnung für uns, denn wenn wir auf unserem spirituellen Weg Fortschritte machen, begegnen wir einer gewissen Gefahr. Diese Gefahr ist der Stolz, etwas erreicht zu haben. Es geschieht, weil wir auf dem Weg – wenn wir uns durch unsere Übungen der Konzentration, Kontemplation und Meditation weiterentwickeln – verkümmerte Fähigkeiten erschließen, Potenziale verwirklichen, Kanäle für den freien Fluss der energetischen Essenz des Körpers öffnen und göttliche Qualitäten erwecken.

Dabei findet ein Transformationsprozess statt, manchmal unsichtbar und manchmal sichtbar. Als Folge davon beginnt unser gesamtes Wesen in einer höheren Frequenz und klangvoller zu schwingen. Das Ergebnis ist, dass wir in gewisser Weise auffälliger werden, zumindest für diejenigen, deren Augen sehen können. Diejenigen, deren Augen anfangen, sich zu öffnen, erkennen das göttliche Leuchten. Das hat nichts mit den äußeren Zeichen einer spirituellen Tradition zu tun, sondern mit der intensiven Qualität von Lebendigkeit, die wir mit zunehmenden Fortschritten zu verkörpern beginnen. Das Ergebnis ist eine Resonanz. Man erschafft ein Kraftfeld der Anziehung.

Den Menschen, die selbst beginnen zu erwachen, fehlt vielleicht, was wir genießen: das unglaubliche Privileg strukturierter Unterstützung durch eine esoterische Schule. Aber natürlich entwickeln sich alle Wesen als Teil der in uns angelegten Evolution der Seele bewusst oder unbewusst in die gleiche Richtung, selbst diejenigen, die ideologisch gegen jede Art von Metaphysik eingestellt sind. Es ist das Geburtsrecht, es ist das Schicksal jeder Seele, sich auf ein vollständigeres Verstehen des Lebens hin zu entfalten. Dieses Erwachen der Seelen wird angeregt und beschleunigt durch die Präsenz der Wesen, in denen sich die Reifung des Herzens schon deutlicher zeigt. Wenn wir uns weiterentwickeln, werden wir, wie Christus sagte, zu Seelenfischern. Wir üben dann eine Art magnetischer Anziehung aus, um uns herum entsteht ein Resonanzfeld. Gleiches zieht Gleiches an. Und wenn wir im Gleichklang mit reinen Gedanken, reinen Gefühlen, wohlwollenden Absichten schwingen, dann wird derjenige, der gerade zu dieser Qualität erwacht, sich zu uns hingezogen fühlen.

Auf diese Weise wurde die Botschaft ohne Worte von Herz zu Herz über Generationen hinweg durch das Gesetz der Anziehung und Resonanz verkündet. Wer sich längere Zeit mit tiefen, sinnerfüllten, wahren Gedanken und Gefühlen beschäftigt, zieht genau diesen Geist ins eigene Leben hinein. Wer hingegen auf äußerliche, engstirnige, ausschließende und zerstörerische Impulse fixiert ist, findet sich in einer Welt mit eben diesen Eigenschaften wieder.

Indem wir also unser Herz erweitern, ziehen wir diejenigen Menschen an, deren Herzen sich ebenfalls erweitern. Es ist ein Resonanzfeld. Und derjenige, der sich zu uns hingezogen fühlt, wird in uns die Vollkommenheit sehen, die er oder sie selber anstrebt, und wir werden uns selbst im Blick eines anderen sehen, der sein oder ihr wahres Selbst in uns erkennt.

Und darin liegt nun die große Gefahr. In diesem Moment besteht die Versuchung, all die Schönheit und Kraft, die durch den Blick desjenigen auf uns zukommt, der uns voller Bewunderung anschaut, nicht nur wahrzunehmen, sondern sich selber als eigenen Besitz zuzuschreiben, stolz darauf zu sein, sich selbst dadurch zu erhöhen und eine Art von Egoismus zu empfinden, die sogar größer ist als der Egoismus des weltlichen Selbst: den Narzissmus der spirituellen Vollkommenheit. Eine vermeintliche spirituelle Vollkommenheit für sich zu beanspruchen ist die größte Anmaßung.

Das Mittel, diese Versuchung zu vermeiden, besteht darin, dass wir mit klarem Unterscheidungsvermögen erkennen, dass die Schönheit und Kraft, die die Person, die zu uns aufschaut, in uns sieht, nichts anderes als die Vollkommenheit ihrer eigenen Seele ist, die sie zu diesem Zeitpunkt nur im Spiegel unseres Selbst sehen kann. Wir sind lediglich ein Spiegel. Was immer andere an Größe sehen, sie können es nur erkennen, weil es die Essenz ihres eigenen Wesens ist. Wir sehen so viel

Vollkommenheit, wie sie in unserem erwachenden Bewusstsein existiert. Aber das Selbst ist unfähig, diese in sich selbst wahrzunehmen.

Mein Vater sagte immer: *„Du siehst dich selbst in einem anderen Selbst, das besser als du selbst in der Lage ist, dich selbst sichtbar zu machen."*

Ist das einmal klar verstanden, dann wird alles Lob, alle Bewunderung, alle Ehrerbietung als das erkannt, was es wirklich ist, ein Reflexionsspiel von Lichtern in einem Spiegelpalast. Und letztlich gilt: *wa lilahi-l-hamd*, „alle Ehre kommt von Gott und gebührt Gott." Ehre ist göttlich. Und das heißt, dass jeder Lobpreis eine Aktion Gottes ist, und jeder Lobpreis ist ein Akt, der ausschließlich Gott zum Gegenstand hat. Ehre ist von und für Gott, Punktum.

Wenn wir uns also in diesem Resonanzfeld wiederfinden und den bewundernden Blick eines ernsthaft Suchenden auf uns gerichtet fühlen, der Qualitäten zu verwirklichen sucht, die er oder sie in uns als vorhanden wahrnimmt, müssen wir uns daran erinnern, der Versuchung zu widerstehen, diese Qualitäten uns selbst zuzuschreiben. Und wir dürfen die Erkenntnis nicht vergessen, dass alle Ehre von Gott kommt und zu Gott geht. Wir sollten dankbar sein, dass wir an dem Prozess der Lobpreisung und der Offenbarung göttlicher Qualitäten teilnehmen können, aber jede kleinste Regung einer persönlichen Zuschreibung loslassen und von uns weisen. Und wir sollten in der Projektion der Ehrerbietung, die auf uns gerichtet ist, den Abdruck der Schönheit dessen erkennen, der zu uns aufsieht. Dieser Abdruck ist nichts anderes als ein Abbild der göttlichen Qualitäten.

Mein gewissenhaftes Selbst,
schau nicht auf diejenigen herab, die zu dir aufsehen.

KUPFERNE REGEL 6

Mein gewissenhaftes Selbst, beurteile andere nicht nach deinem eigenen Maßstab.

Diese Regel erinnert uns an eine Lehre, die Hazrat Inayat Khan im Zusammenhang mit der „Bruder-/Schwesterschaft“[11] gibt. Sie wissen, dass die Bruder-/Schwesterschaft eine der fünf Aktivitäten ist, die von ihm eingeführt wurden. Zusätzlich zur Esoterischen Schule gibt es die Bruder-/Schwesterschaft, den Universellen Gottesdienst, Ziraat[12] und die Heilarbeit. Und so wie die Esoterische Schule ihren Studienkurs hat, so gibt es ein Studium zur Kultivierung der Seelenverwandtschaft, deren vorrangiger Fokus die horizontale Dimension des Werdens ist, des Werdens in wechselseitiger Beziehung. Murshid beschreibt fünf Stadien dieser Entwicklung, fünf Stadien, so könnte man sagen, des tiefreichenden Dialogs, der fortschreitenden Tiefe in der Begegnung mit einer anderen Seele.

---

11 Im Englischen wird die Bruder-/Schwesterschaft als „Kinship“, (Seelen-)Verwandtschaft, bezeichnet

12 Ziraat: wörtlich: Landwirtschaft. Mithilfe der Symbolik und Sprache der Landwirtschaft werden die Stufen und Prozesse der Entfaltung unseres tiefsten innersten Selbst kultiviert.

Das erste der fünf Stadien ist Respekt. Wir beginnen damit, dass wir uns in Umgangsformen üben, die achtungsvoll, gewissenhaft und bewusst sind – und das erfordert einige Mühe. Wenn wir nicht aufmerksam sind, neigen wir dazu, uns respektlos zu verhalten, was bedeutet, in unserer Sprache und Körpersprache die Gefühle eines anderen Menschen nicht zu berücksichtigen. Respekt in seiner höchsten Form bedeutet bewusste Achtsamkeit, die sich in einem Verhalten niederschlägt, das auf die Gefühle anderer Acht gibt. Rüpelhaftes Verhalten zeigt das Gegenteil, nämlich dass jemand nur an sich selbst denkt.

Wir lernen diese Umgangsformen auf dem spirituellen Weg, auf dem wir *adab* praktizieren. *Adab* ist ein Wert, der in unserer modernen Kultur manchmal vernachlässigt wurde – aus der Einstellung heraus, dass es künstlich und sogar überheblich ist, sich an Anstandsregeln zu halten. Besonders in den 1960er Jahren gab es eine Bewegung, die sich für eine Veränderung und Befreiung von anerkannten Vorstellungen und Vorschriften formeller Umgangsweisen einsetzte und die Freiheit proklamierte, einfach zu tun, was man wollte, und seinem Herzen zu folgen. Natürlich, wenn die Umgangsformen den Boden der Aufrichtigkeit verlassen und zu einem leeren, leblosen Regelcode werden, dann entsteht die Notwendigkeit, von Zeit zu Zeit die alten Strukturen niederzureißen, damit etwas Neues geboren werden kann.

Aber die Folge einer solchen Revolution kann sein, dass man etwas übersieht, wenn man mit dem Alten bricht. Etwas geht dabei verloren, und das ist die Qualität der Achtsamkeit, die für ein kultiviertes soziales Verhalten erforderlich ist, denn diese Art von eigener Befreiung führt eventuell zur Vernachlässigung der Gefühle und Bedürfnisse der Mitmenschen. Es besteht also einerseits die Notwendigkeit, frei zu sein, andererseits gibt es auch die Notwendigkeit, verantwortlich zu sein.

Ich denke, angemessenes soziales Verhalten ist etwas, wofür wir in der Kultur des modernen Westens immer noch eine geeignete Lösung zu finden versuchen. Das eine Extrem ist hohler, unaufrichtiger Formalismus, und auf der anderen Seite steht wahllose Regelfeindlichkeit, ein Aufbegehren gegen jede Norm. Es muss eine Möglichkeit geben, unsere Liebe in einem Verhalten auszudrücken, das schön ist, in aufrichtigen und verfeinerten Umgangsformen, die zeitgemäß sind. Das ist es, wonach wir suchen.

Das erste Stadium sind also respektvolle Umgangsformen. Für die Suchenden ist jede Äußerung eine Gelegenheit zur Selbsterforschung. Man bemüht sich, in jede Form des Ausdrucks Schönheit zu legen, die andere Person in jeder Hinsicht mit Anerkennung zu behandeln. Dabei bemerkt man, wie manchmal selbst subtile Wendungen der Sprache abwertend sein können; sie sind Anzeichen für das Kreisen um das eigene Ich und entsprechend für die Vernachlässigung des anderen. Man fängt also an, sich wirklich eingehend zu prüfen, die eigene verbale Sprache, die eigene Körpersprache, und man sucht jede Gelegenheit, sich zu vervollkommnen. Die Wirkung kann man in der Gegenwart eines Menschen, der sein respektvolles Verhalten gänzlich verfeinert hat, spüren. Dabei darf es nicht die Form von Schmeichelei oder einer zur Schau gestellten Demut und Selbsterniedrigung annehmen. In der Verfeinerung kann Würde liegen. Auf jeden Fall ist sie eine Qualität des Verhaltens, die dazu führt, dass die andere Person sich voll und ganz anerkannt, angenommen und bestätigt fühlt. Und das erzeugt einen gewaltigen Magnetismus und ein starkes Charisma.

In der Gegenwart einer königlichen Persönlichkeit fühlt man sich aufgenommen in sein oder ihr Wesen und absolut wertgeschätzt in seinem eigenen Wesen. Inayat Khan war dafür bekannt, diese Qualität in einem so hohen Grad zu besitzen, dass alle, die ihn trafen und mit ihm sprachen, mit dem Gefühl fortgingen, seinem Herzen am nächsten zu stehen, sein bester Freund oder seine allerliebste Freundin zu sein. Und erst später, als sie ihre Erfahrungen austauschten, bemerkten sie, dass sie alle den gleichen Status genossen!

Das erste Stadium ist Respekt und das zweite ist Anteilnahme. Es beginnt damit, die Qualität der Achtsamkeit zum Ausdruck zu bringen. Wenn wir mit dem, was wir sagen und wie wir uns verhalten, nicht einen Raum erschaffen können, in dem der oder die andere sich aufgenommen fühlt, dann ist Anteilnahme unmöglich. Aber sobald man anfängt, die Menschen auf der Ebene guter Umgangsformen zu respektieren, wird ein Kanal geöffnet, der es ermöglicht, ein tieferes Mitgefühl auf der Ebene der wahren Bedeutung des Wortes zu erreichen. Das heißt, dass es im zweiten Stadium dieses Prozesses darum geht, dass uns die andere Person als Mitmensch wirklich wichtig ist, dass wir sie gewissermaßen als ein anderes eigenes Selbst betrachten und damit Gleichgültigkeit überwinden.

Und dann folgt das dritte Stadium: Wer eine Beziehung voller Anteilnahme aufgebaut hat, beginnt die Person zu verstehen, mit der man mitfühlt. Wenn man kein Mitgefühl entwickelt hat, dann besteht auch keine Motivation, sie verstehen zu wollen. Dann wird man hören, was gesagt wurde, aber wird nicht wirklich zuhören, weil die Herzen nicht in Resonanz sind. Sobald wir mit dem Herzen hören, sind wir bereit zu verstehen. Und die Bereitschaft zu verstehen bedeutet natürlich, dass man das, was der oder die andere sagt, im bestmöglichen Licht interpretiert und sich bemüht, die Vorzüge der Sichtweise dieses Menschen zu erkennen.

Ein Großteil unserer Erziehung lehrt uns, wettbewerbsorientiert zu sein und den Schwerpunkt auf die Schwächen des anderen zu legen. Aber was wäre, wenn wir lernen würden, genau das Gegenteil davon zu tun? Das hieße mit anderen Worten, wenn wir das, was die andere Person gesagt hat, besser formulieren, als sie es selber könnte, und das, was die andere Person versucht herüberzubringen, in unserem eigenen Denken in einer Form artikulieren, die ihrer wahren Absicht näher kommt, als es ihre eigenen Worte vermochten?

Das ist das Thema des dritten Stadiums: verstehen, sich wirklich in den anderen hineinversetzen. Zuerst müssen wir einen Herzenskanal öffnen, und sobald der Herzenskanal offen ist, kann der Verstand sich leichter einfügen. Biologen sprechen von limbischer Resonanz, einem Verstehen, das jenseits der Rationalität abläuft, das mit dem Austausch von Blicken zu tun hat und wodurch der limbische Kortex im Gehirn der Interaktionspartner erwärmt wird und in wechselseitigem Austausch steht, so dass es zu wortlosem Verstehen kommt. Auf dieser vorbegrifflichen Grundlage kann dann auch ein gegenseitiges begriffliches Verständnis erreicht werden.

Das sind also die Stadien: erst Respekt, dann Anteilnahme und Mitgefühl, dann Verständnis. Und viertens kommen dann Toleranz und Vergebung hinzu. Solange keine Anteilnahme und kein Verständnis vorhanden sind, ist es sehr leicht zu urteilen und negativ zu urteilen. Aber sobald Anteilnahme und Verständnis da sind, werden selbst die – vom eigenen Standpunkt aus gesehen – schlimmsten Fehler, die ein anderer Mensch begeht, völlig erklärbar und verstehbar. Das heißt nicht, dass wir diesem Menschen helfen und ihn darin unterstützen sollten, mit etwas fortzufahren, das aus unserem Blickwinkel völlig falsch erscheint. Aber zumindest können wir mit absoluter Klarheit erkennen, dass es aus dem Blickwinkel dieses Menschen wirklich keine andere Wahl gab. Er handelte vollkommen und aufrichtig gemäß seinem Verstehen und seiner Vorprägung.

Und denken Sie daran, dass Konditionierungen tiefe, sehr tiefe Wurzeln haben. Solche Prägungen geschehen sogar schon vor unserer Inkarnation. Sie finden genau von dem Moment an statt, in dem der göttliche Strahl unserer Seele aus der Essenz hervorleuchtet und durch die Seinsebenen herabsteigt. Auf jeder Seinsebene entstehen Strukturen, von den feinsten bis hin zu den gröbsten Sphären. Auf jeder Ebene des Weges sammeln sich bestimmte Vorlieben, Neigungen und Vorstellungen an, die wir empfangen. Das heißt, zu der Zeit, in der sich ein Mensch inkarniert, hatten die Planeten und Sterne schon ein Mitspracherecht, die Menschheitsgeschichte wie auch die biologische Entwicklungsgeschichte haben schon auf ihn eingewirkt, sodass man als Mensch bereits tief geprägt ist.

Und dann treiben uns natürlich die in der Kindheit, der Erziehung und in der kulturellen Umgebung gemachten Erfahrungen an, in bestimmter Weise zu denken, und das Gehirn wird entsprechend verschaltet, sodass die Gedanken in vorgegebenen Kanälen fließen. Auf dieser Grundlage begreifen wir dann, dass unsere Abneigung gegen einen Menschen, unser Gefühl der Enttäuschung eigentlich ziemlich lächerlich ist. Alles in der Natur hat zusammengewirkt, um den betreffenden Menschen auf diesen besonderen Weg zu bringen, ihn auf diese Handlungsweise, diese Denkweise festzulegen. Wenn man das alles sieht, dann wird es unmöglich, den Menschen zu beschuldigen oder Groll gegen ihn zu hegen.

An diesem Punkt erkennt man, dass man die Entscheidung des anderen Menschen als Folge seines oder ihres eigenen Lebens anerkennen muss, obwohl man vom eigenen Blickwinkel aus gesehen völlig anderer

Meinung sein kann. Deshalb erinnert uns Inayat Khan immer daran, dass die Sufis zwei Sichtweisen haben, die eigene Sichtweise und die Sichtweise des anderen. Und manchmal wird gesagt, sie hätten sogar drei Sichtweisen, wobei die dritte die göttliche Sichtweise ist, die paradoxerweise all die verschiedenen Blickwinkel in Einklang bringt.

Der Grund dafür, dass wir es manchmal nicht schaffen, beide Standpunkte einzunehmen, liegt darin, dass wir Angst haben, unseren eigenen Standpunkt zu verlieren, wenn wir uns auch den der anderen Person klar ansehen würden; und dass wir dann nicht mehr fähig sein könnten, unsere eigenen Interessen zu wahren, hat doch unsere eigene Sichtweise auch einen Wert, ebenso wie die der anderen Person. Wenn wir uns dermaßen auf die andere Sichtweise einlassen, wer wird dann für unsere eigene Sichtweise plädieren? Deshalb wollen wir sie bewahren. Aber in Wirklichkeit besteht die Gefahr nur in unserer Vorstellung, denn unsere eigene Sichtweise lässt sich leicht wiederherstellen.

Die Fähigkeit, den eigenen Standpunkt zu verlassen, bedeutet nicht, ihn zu verlieren. Sie können immer noch, nachdem Sie die Situation vom Standpunkt des anderen betrachtet haben, genau zu Ihrem eigenen Standpunkt und Ihrer eigenen Handlungsweise zurückkehren. Ihr Widerstand gegenüber der anderen Person wird genauso entschieden wie zuvor bleiben, äußerlich. Innerlich haben Sie jedoch eine völlig andere moralische und spirituelle Haltung eingenommen, denn es gibt keine Abneigung mehr. Sie nehmen den Konflikt nicht persönlich. Sie erkennen, dass Ihre Vorerfahrungen in dieser Welt Sie dahin geführt haben, eine bestimmte Haltung einzunehmen, und jener Mensch von seinen Vorerfahrungen dahin geführt wurde, eine andere Haltung einzunehmen, aber im Herzen Ihres Herzens gibt es keinerlei Feindseligkeit.

Schließlich gelangen wir dann zum fünften Stadium des Prozesses, zur Einheit. Einheit beruht auf der oben erwähnten dritten Sichtweise: Zuerst sehen wir den eigenen Standpunkt, dann schauen wir auf den Standpunkt des anderen Menschen, und schließlich erkennt man, dass es noch einen göttlichen Standpunkt gibt. Die göttliche Perspektive widersetzt sich buchstabengetreuer, konkreter Interpretation, weil sie so paradox ist. Sie ist so unermesslich und gewaltig, dass sie alle Perspektiven integriert und überwindet.

KUPFERNE REGEL 7

Mein gewissenhaftes Selbst, sei nicht böswillig (nicht einmal) gegen deinen ärgsten Feind.

Diese Regel erinnert uns an die Lehren, die uns in „Moral Culture" („Ethik")[13] gegeben wurden, einer sehr aussagekräftigen Zusammenstellung von Hazrat Inayat Khans Lehren zur „horizontalen Dimension"[14] der spirituellen Entwicklung. Diese Schriften sind in drei Kapitel unterteilt – mit den Überschriften: Gegenseitigkeit, Nächstenliebe und Entsagung –, die drei verschiedene Stufen der moralischen Entwicklung beschreiben.

Hier, wie auch an anderen Stellen seiner Lehren, wird der Verlauf der spirituellen Entwicklung als ein Prozess in drei Stufen beschrieben. Wer sich jedoch tiefer in seine Lehren einarbeitet, findet Anspielungen auf eine vierte Stufe. Man lernt schließlich, „zwischen den Zeilen zu lesen".

13 Gemeint ist der Buchteil „Ethik" in „Die Kunst der Persönlichkeit", Hazrat Inayat Khan, Verlag Heilbronn, 2020

14 Hazrat Inayat Khan beschreibt das Kreuz, bestehend aus der „horizontalen Dimension", in der es um die Beziehungen der Menschen untereinander geht, und die „vertikale Dimension", die sich mit der Beziehung des Menschen zu Gott befasst.

Wenn er von drei Stufen spricht, spürt man die unsichtbare Gegenwart einer vierten Stufe.

Hier, wie auch an anderen Stellen in Inayat Khans Lehren, wird der Verlauf der spirituellen Entwicklung als ein Prozess in drei Stufen beschrieben. Wenn man sich jedoch tiefer in seinen Lehren einarbeitet, findet man Anspielungen auf eine vierte Stufe. Man lernt schließlich, „zwischen den Zeilen zu lesen". Wenn er von drei Stufen spricht, spürt man die unsichtbare Gegenwart einer vierten Stufe.

Die drei Stufen der moralischen Entwicklung, plus der „unsichtbaren" vierten Stufe, entsprechen den vier Stadien der Entsagung (*tark*), die von dem großen persischen Sufi-Dichter Farid al-Din Attar[15] beschrieben werden, dem berühmten Autor der „Konferenz der Vögel".

Das erste Stadium der Entsagung wird als „Entsagung der Welt" (*tark-i dunya*) bezeichnet. Damit ist keine Zurückweisung der irdischen Ebene an sich (*jahan*) gemeint. Vielmehr beschreibt sie den Verzicht auf die Welt der falschen Erscheinungen (*dunya*), das Gefängnis der Illusionen, das die Buddhisten *maya* nennen. Es bedeutet, das fehlgeleitete Streben nach Erfüllung durch Besitz, Konsum, Selbstverherrlichung und Vorherrschaft aufzugeben.

Diese Entsagung entspricht Inayat Khans Lehre von der Gegenseitigkeit. Gegenseitigkeit zu begreifen heißt, sich über die Anmaßung des

[15] Farid al-Din Attar lebte 1145-1220 in Nischapur, Iran

eigenen übergeordneten Vorrechts über andere zu erheben; im Gleichgewicht, in Harmonie, auf der Grundlage von Gleichberechtigung zu leben; zu verbrauchen, aber auch bereitzustellen, zu nehmen, aber auch zu geben.

Nachdem wir den unreifen Formen der Befriedigung entwachsen sind, werden unsere Empfindungen feiner. Anstatt sofortige Gratifikation zu fordern, erkennt man, dass größere und tiefere Themen auf dem Spiel stehen. Anstelle flüchtiger Ersatzvergnügen bevorzugt man anhaltenden Frieden. Wir erkennen die Möglichkeit, die Welt nicht nur zu bewohnen, sondern tatsächlich etwas Positives beizutragen. Wir erleben es als attraktiver, auf andere Menschen freundlich zuzugehen als die eigenen privaten Interessen zu verfolgen.

Im Dienen liegt Freude. Und die Belohnung ist keine irdische, sondern eine himmlische Belohnung, deren bleibender Wert sich im Jenseits erweisen wird. Ein Vorgeschmack darauf existiert allerdings schon im Auskosten eines moralischen Sieges. Hier liegt der Anfang der zweiten Stufe, der Stufe der Nächstenliebe.

Zu einem bestimmten Zeitpunkt erkennt man dann, dass sich eine geheime Selbstsucht unter der eigenen Großzügigkeit versteckt. Unter der eigenen moralischen Stärke liegt die Erwartung von Belohnung, von Wiedergutmachung, wenn auch eher im Himmel als auf Erden. Dann geschieht ein innerer Durchbruch. Man stellt fest, dass ungeachtet des Ergebnisses Liebe ihre eigene Belohnung ist. Man erkennt, wie Inayat

Khan sagt: *„Du bist die Liebe. Du kommst aus der Liebe. Du bist aus Liebe gemacht. Du kannst nicht aufhören zu lieben.“*

Diese Erkenntnis beschreibt die „Entsagung des Himmels“ (*tark-i akhira*). Man wendet sich ab von der Erwartung himmlischer Belohnung zugunsten der direkten Erfahrung der Gegenwart des oder der Göttlichen Geliebten. Ob diese Gegenwart heilend oder verwundend, erleuchtend oder verbrennend wirkt, macht keinen Unterschied. Das Einzige, was zählt, ist die Nähe des Einen, der Wahren.

In diesem Stadium nähern wir uns als Suchende der Göttlichen Gegenwart über die Zwischenstufen wechselnder Erscheinungen des Göttlichen Antlitzes, die uns andeutungsweise von der unaussprechlichen und unbeschreibbaren Gegenwart des Einen in Form von Kraft und Schönheit Kunde geben. Jedes Antlitz löst sich auf, wenn man es erahnt hat, und der Horizont weicht zurück, um einen neuen Glanz zu offenbaren. Die Suchenden dringen bis zur letzten Grenze vor, wo jeder Anflug von Unterschiedlichkeit, jeder Hauch verschiedener Erscheinungsformen sich auflöst. Mit dieser Auflösung geht die Auflösung von Ich und Du einher, eine Erfahrung, die Attar die „Entsagung des Herrn“ (*tark-i mawla*) nennt, ein Stadium vollständiger Entwerdung und eines Daseins in der Ewigkeit. Das ist es, was Inayat Khan in seinem System der moralischen Entwicklung unter der Überschrift des letzten Kapitels von „Moral Culture“ als Stufe der „Entsagung“ bezeichnet. Es ist – jenseits von Gegenseitigkeit und Nächstenliebe – das Aufgehen in dem Einen Sein.

Aber es gibt, wie gesagt, eine weitere Stufe, unsichtbar in „Moral Culture“, jedoch sichtbar an anderer Stelle in Inayat Khans Lehren und in Attars Stadien der Entsagung. Die vierte Stufe ist die „Entsagung der Entsagung“ (*tark-i tark*). Der oder die Entsagende kehrt nun in die äußere Welt zurück, tritt wieder ein in die Grenzen des persönlichen Lebens und den empfindlichen Bereich der Beziehungen.

Jetzt aber wird die Welt nicht mehr als ein Ort der Gefangenschaft erfahren, denn der oder die Entsagende der Entsagung erkennt, dass ein neues Leben sich müht, durch den engen Geburtskanal dieser Welt geboren zu werden, ein Leben, das unsagbar herrlich ist.

Das ist der übergreifende Rahmen, von dem aus wir nun sorgfältig die kupferne Regel betrachten können: *„Hege keine Böswilligkeit (nicht einaml) gegen deinen ärgsten Feind.“* Um die Regel zu durchleuchten, könnten wir uns den Abschnitten „Umgang mit unseren Feinden“ in den Kapiteln „Gegenseitigkeit“ und „Nächstenliebe“ in „Moral Culture“ (Ethik) zuwenden.

„Unser Umgang mit unseren Feinden und Feindinnen

Wir sollten acht geben, dass wir mit unseren Feinden feinfühliger umgehen als mit unseren Freunden. Diese Tatsache wird gewöhnlich von den Menschen übersehen; sie sind nachlässig im Umgang mit Feinden, während sie ihre Freunde achtsam behandeln. Manchmal beleidigen wir unseren Feind, unsere Feindin, verderben damit die eigenen Gewohnheiten und tragen dazu bei, dass der Feind noch beleidigender wird. Wenn wir ständig die Fehler des Feindes herausstreichen, prägen wir unserer eigenen Seele dieselben Fehler auf und lenken sie dann um auf die Seele des Feindes. Das heißt, selbst wenn er oder sie diese Fehler nicht hatte, können sie sich durch Spiegelung in ihm bzw. ihr entwickeln und Anlass dazu bieten, ein noch härterer Feind zu werden.

Es ist ebenso unklug, die Bitterkeit und Verletzungskraft der Feinde zu unterschätzen, wie sie zu überschätzen. Sehr oft schätzt ein Mensch, geblendet durch sein Ego, die Kraft des Gegners falsch ein und sagt: 'Oh, was kann er schon tun? Was habe ich zu befürchten?' – und handelt im Affekt, sobald er durch Gegner dazu gebracht wird. Das ist eine Niederlage. Unter solchen Umständen standfest und ruhig zu bleiben ist hingegen ein Sieg. Sich über die Verletzung zu beklagen, die uns Gegner zugefügt haben, ist Schwäche. Wertvoll ist es, die mögliche Verletzung durch Vorsichtsmaßnahmen zu vermeiden, ihr mit Stärke zu begegnen und sie mit Macht zu stoppen. Es ist weise, aus der Kritik des Gegners einen Vorteil zu ziehen, denn Kritik kann helfen, uns zu korrigieren. Die Kritik einfach wegzulachen, weil man sich zu gut dafür hält, ist dumm.

Im Fall von Rache ist Auge um Auge, Zahn um Zahn dann richtig, wenn wir sicher sind, dass Freundlichkeit und Vergebung keinerlei Macht über das harte Herz des Feindes haben, sondern ihn sogar schlimmer machen. Aber solange es eine Chance gibt, der Rache des Gegners mit Freundlichkeit zu begegnen, darf das oben genannte Prinzip nicht angewendet werden. Besser ist es, die gegnerische Person zu beruhigen, bevor sie sich gegen uns erhebt. Wenn sie uns aber angegriffen hat, ist es richtig, sie zu unterwerfen.

Es ist weise, die Regungen der uns feindlich gesonnenen Menschen wachsam zu verfolgen und sich dagegen abzusichern. Unklug ist es, zuzulassen, dass wir selbst von feindlicher Seite beobachtet werden und gegen uns eine schützende Abwehr aufgebaut wird. Ratsam ist es, die Kraft der Feinde und Feindinnen auf jede mögliche Art zu schwächen und die eigenen Kräfte so zu stärken, dass sie die feindlichen Kräfte weitaus übersteigen. Es ist richtig, das Geheimnis der Feinde zu kennen, und noch richtiger, unser eigenes Geheimnis vor ihnen verschlossen zu halten.

Vor allem aber müssen wir dafür sorgen, dass niemand zu unserem Feind oder unserer Feindin wird. Und ganz besonders müssen wir darauf achten, dass Freunde nicht zu Gegnern werden. Auf jeden Fall ist es richtig, unseren Feinden zu vergeben und die Feindschaft zu vergessen, sofern die Feinde es aufrichtig wünschen. Dann sollten wir den ersten Schritt tun und die Freundschaft ermöglichen, anstatt uns zurückzuziehen und weiterhin das Gift der Vergangenheit in unserem Innern zu behalten. Das wäre ebenso schlimm wie eine alte Krankheit in unserem Organismus zu bewahren.

Im Umgang mit Feinden muss man bedenken, dass die Möglichkeit besteht, den eigenen übertriebenen Vorstellungen zu erliegen. Dann erscheint die kleinste falsche Handlung des Gegners wie ein Berg von Unrecht, während die kleinste richtige Handlung eines Freundes wie ein Berg von Recht erscheint. Es zeugt von Angst, Gegner stärker einzuschätzen, als er ist, und es ist dumm, seine wirkliche Macht zu unterschätzen.

Gegnern zu erlauben, zu beleidigen oder zu verletzen, ist nach dem Gesetz der Gegenseitigkeit ein Fehler. Beleidigung mit Beleidigung und Verletzung mit Verletzung zu beantworten ist das Einzige, was zum Ausgleich führt. Im Umgang mit dem Gegner müssen wir ihn zuerst mit uns selbst in Bezug auf die eigene Kraft und Intelligenz vergleichen und erwägen, ob es möglich ist, ihm und seiner Feindschaft Stand zu halten. Im Falle, dass es möglich ist, sollten wir ihn mit Stärke, Mut und Intelligenz niederzwingen, bevor er dasselbe mit uns macht. Denn im Kampf ist der erste Schlag von Vorteil für den Angreifer.

Wenn wir uns selbst als schwächer oder unfähiger als den Gegner empfinden, ist es das Beste, keine Feindschaft zu zeigen, bis wir die Kraft entwickelt haben, ihm zu widerstehen, das heißt, dass wir mit Geduld und Vertrauen unsere Zeit abwarten und bis dahin Frieden und Harmonie bewahren. Das ist im Sinne der Gegenseitigkeit keine Täuschung.

Jemandem zu erlauben, unser Feind, unsere Feindin zu werden, wenn wir es irgendwie verhindern können, ist gegen jede Vernunft. Wir sollten immer davon Abstand nehmen und in allen Angelegenheiten des Lebens vorsichtig sein, damit wir niemanden dazu veranlassen, unser Feind zu werden, denn Feinde haben wir genug im Leben. Aber wir sollten Feinden gegenüber nie Schwäche zeigen. Zeigen Sie immer Ihre starke Seite. Geben Sie niemals die Möglichkeit, einen Angriff zu starten. Und wir sollten darauf achten, dass ein Feind den Schlag von uns erfährt, bevor er sich darauf vorbereitet.

Aber ebenso sollten wir auch nicht eine Sekunde lang zögern im Bemühen, auszugleichen und freundlich zu sein, wenn der Feind es wünscht. Und wir sollten keinen Augenblick verlieren, uns mit ihm anzufreunden, sofern es in unserer Macht steht. Menschen müssen immer bereit sein, dem Gegner ein Freund, eine Freundin zu werden, und sein Bestes dafür tun, es sei denn, es würde zur Eitelkeit in der Feindschaft beitragen.

Den ersten Schritt zu einer Feindschaft zu machen, ist absolut nicht wünschenswert. Derjenige, der ihn trotz allem macht, ist umso tadelnswürdiger, und von seiner Seite sollte die Bemühung um Wiederherstellung der Harmonie ausgehen. Manchmal erzeugen wir durch boshafte Gedanken an jemanden Feindschaft in dessen Herzen, die vorher vielleicht nicht da war. Sie stammt lediglich aus unserer Imagination. Die gleiche Regel gilt für Freundschaft. Wenn wir voller Liebe intensiv an jemanden denken, sogar an unseren Feind, unsere Feindin, dann wird die Kraft unseres Denkens den Feind, die Feindin in einen Freund, eine Freundin verwandeln.“

Dies sind Hazrat Inayat Khans Worte über den Umgang mit Feinden aus der Perspektive der Gegenseitigkeit. Seine Lehre ist vielschichtig; sie ist auf vielen Ebenen anwendbar. In jeder Situation ist die Handlungsweise angemessen, die der Ebene der eigenen Erkenntnis entspricht. Wenn jemandes moralischer Standpunkt auf der Ebene der Gegenseitigkeit angesiedelt ist – das heißt, wenn das Anliegen ist, das Gleichgewicht von Geben und Nehmen im Leben zu bewahren –, dann muss er entsprechend handeln: sich auf Auseinandersetzungen einlassen, wenn dies notwendig ist, und beharrlich seine Interessen schützen, wenn auch mit Besonnenheit und Zurückhaltung.

Inayat Khan spricht hier also darüber, Fehler in der Konfrontation zu vermeiden, aus den echten Einsichten, die die Kritik an uns ermöglicht, zu lernen, die Stärke des Gegners weder zu über- noch zu unterschätzen und die Möglichkeit der Versöhnung offenzuhalten, während wir uns gleichzeitig weigern, Manipulation und Misshandlung zu akzeptieren.

Im Folgenden spricht Hazrat Inayat Khan aus der Perspektive der Nächstenliebe.

„Unser Umgang mit Feinden und Feindinnen
Der Unterschied zwischen dem Gesetz der Gegenseitigkeit und dem Gesetz der Nächstenliebe besteht darin, dass Menschen im ersten Fall gerechtfertigt sind, wenn sie sich nach „Maß für Maß" verhalten, d. h. nach dem Prinzip „Wie du mir, so ich dir", während im zweiten Fall von ihnen erwartet wird, dass sie sich nachsichtig, vergebend und gütig zeigen, sodass Feinde zu Freunden werden können. Es gibt Fälle, da können wir zwar keine Güte, aber immerhin Nachsicht aufbringen. Es gibt Fälle, da können wir nicht vergeben, und doch fühlt sich Rache für uns als humane Personen unnatürlich an. Solange wir die Fehler anderer Menschen übersehen können, werden wir weniger Anlass für Zwietracht und noch weniger für Feindschaft geben.

Manchmal kommt der Einwand: „Wenn wir freundlich zu unseren Feinden sind, bestärken wir sie doch nur in ihrer Tyrannei." Aber solange Güte in unserem Herzen wohnt, wird sie den Charakter derjenigen, die uns feindlich gesonnen sind, weicher anstatt härter machen; denn alles, was wir austeilen, bekommen wir zurück. Ein freundliches Wort als Entgegnung auf ein schroffes Wort, eine freundliche Handlung als Reaktion auf eine verletzende Handlung, ein liebevoller Gedanke als Antwort auf einen böswilligen Gedanken; all diese Verhaltensweisen haben eine viel größere Wirkung als ein Verhalten nach dem Prinzip Maß für Maß. Eisen lässt sich nicht mit einem Hammer brechen, aber es schmilzt im Feuer. Das Feuer ist die Liebe, und Güte ist ihr bevorzugter Ausdruck. Haben wir in unserem Herzen genügend Liebe und Güte entwickelt, dann können wir früher oder später Feinde in Freunde verwandeln. Meistens ist es die eigene Unfreundlichkeit, die überall um uns herum Feindschaft hervorbringt; und dann schieben wir unseren Feinden die Schuld zu und sind entsetzt über ihre große Zahl. Schließlich beklagen wir uns über die ganze Welt, die Natur der Menschen und ihre Art zu leben. Wenn aber dem menschlichen Denken die ganze Welt schuldig erscheint, wie kann dann ihr Schöpfer frei von Schuld bleiben? Schließlich fühlen wir uns ganz allein schuldlos, während alles um uns herum schuldig ist. Dann wird das Leben zur Qual. Wir denken, es habe keinen Wert zu leben, wir werden selbstgerecht, und es scheint so, als wären alle Menschen gegen uns.

Es ist immer weise, jede Möglichkeit zu vermeiden, Feindschaft zu verursachen, und jegliche Mühe auf sich zu nehmen, alle Feindinnen und Feinde wieder zu Freundinnen und Freunden zu machen. Dazu zählen auch Personen, die sich nur ganz leicht verletzt fühlen, mit denen ein geringfügiges Missverständnis aufgetaucht ist oder die sich vielleicht ein bisschen über uns geärgert haben. Darum müssen wir uns bemühen, nicht damit wir uns selber glücklich fühlen, selbst nicht um des Glücks der anderen willen, sondern allein wegen des guten Prinzips und wegen des ganz konkreten Vorteils. Denn wie unbedeutend ein Feind oder eine Feindin auch sein mag, sie könnten uns großes Leid oder schwere Verletzungen zufügen. Und wie lose die Freundschaft zu einer Person auch sein mag, diese Person könnte eines Tages sehr nützlich werden. Selbst abgesehen von allen konkreten Vorteilen, das Gefühl „Diese Person freut sich über mich, ist mir wohlgesonnen, ist nicht länger meine Feindin" ist in sich schon ein großer Gewinn.“

Aber es ist, wie Inayat Khan auch sagt, nicht immer möglich, unsere Feinde auf unsere Seite zu bringen. Manchmal werden wir hart konfrontiert und angegriffen, es gibt Bemühungen, uns zu unterdrücken, uns zu schikanieren, und wir müssen für uns selbst eintreten, für unsere Gemeinschaft. Und doch ist die Frage: Wie kann man in einen Konflikt eingreifen? Wie kann man einer herrschsüchtigen Macht entgegentreten ohne Rachegefühle, Bitterkeit, Gegnerschaft oder Feindseligkeit, die, wie Inayat Khan sagt, Gift im System sind?

Über Hazrat Ali[16] wird eine Geschichte erzählt. Hazrat Ali war ein großer Verteidiger der Gemeinschaft des Propheten Mohammed in einer Zeit, als sich die Feinde auf allen Seiten sammelten mit der Absicht, den

[16] Schwiegersohn des Propheten Mohammed

neuen Glauben ein für alle Mal zu zerstören. In einer entscheidenden Schlacht kämpfte Hazrat Ali gegen einen wilden Krieger, und es gelang ihm, die Oberhand zu gewinnen. Nachdem er den Gegner niedergeschlagen hatte, hob Hazrat Ali das Schwert, um ihm den letzten Stoß zu versetzen. Genau in dem Augenblick spuckte der Feind ihm ins Gesicht. Unversehens schoss Hazrat Ali das Blut ins Gesicht. Er wurde zornig und packte sein Schwert fester. Aber dann überkam ihn eine Sinneswandlung; er steckte sein Schwert in die Scheide und entfernte sich.

Der Krieger, der einen schnellen Tod erwartet hatte, war verblüfft. Wenn es je eine Chance auf Gnade gegeben hätte, dachte er, so sollte seine letzte Herausforderung sie endgültig verwirkt haben. Stattdessen hatte ihn seine grobe Beleidigung jedoch irgendwie gerettet. Verwirrt durch die Ironie der Situation, verfolgte er Hazrat Ali und bat ihn um eine Erklärung. Hazrat Ali antwortete: „Ich hatte vor, dich zu töten, aber du riefst meinen Zorn hervor, und ich habe mich verpflichtet, niemals im Zorn gewalttätig zu handeln. Ich musste Gewalt anwenden, aber mein Grundgefühl zu dir war Liebe. Sobald sich mein persönlicher Stolz einmischte, war die Sache beendet: Ich konnte nicht handeln."

Hazrat Ali ist ein Vorbild für uns. Wir sind dazu aufgerufen, unseren Willen in der Welt einzusetzen. Aber wenn der Wille auf dem Unmut des Egos beruht, dann hält das aufgeklärte Gewissen inne, besinnt sich und lehnt es ab, aus einem derartigen Motiv heraus zu handeln.

Lassen Sie uns jetzt diese Regel mitten in unser reales Leben hineinbringen. Wenden Sie sich nach innen. Lassen Sie Ihren ärgsten Feind oder Ihre schlimmste Feindin in Ihrem Bewusstsein gegenwärtig werden, eine Person, die sich Ihnen in der Vergangenheit in den Weg gestellt hat oder die Sie in der Gegenwart behindert – wer immer Ihnen als Hauptgegner in Ihrem Leben ins Gedächtnis kommt.

Heißen Sie diese Person in Ihrem Bewusstseinsfeld willkommen, auch wenn das Willkommen eher vorsichtig und zurückhaltend ist. Und während Sie dieser Person ins Gesicht sehen, spüren Sie die Wirkung auf Ihren Zustand, das Gefühl von Abneigung, die Erfahrung, wie sich Ihr Herz verschließt oder seine offene Ausstrahlung schwächer wird, das Gefühl von Frustration, Enttäuschung, Demütigung – gleich, welche Gefühle unmittelbar in der Begegnung mit dieser Person auftauchen. Nehmen Sie Ihren Zustand wahr. Die Präsenz dieser Person ist emotional nicht neutral. Der Einfluss ist ganz unmittelbar.

Nun lassen Sie Ihre Seite der Geschichte innerlich Revue passieren. Schaffen Sie Raum für Ihren persönlichen Standpunkt. Sie sind verletzt worden, und Sie haben gelitten. Erkennen Sie die Gültigkeit Ihrer Erfahrung an. Die Schädigung, die Ihnen widerfahren ist, ist real und verdient Beachtung. Die Verletzung hat Sie beeinträchtigt und Ihren Lebensweg beeinflusst. Nehmen Sie den Schmerz wahr, der Ihnen zugefügt wurde. Gestatten Sie sich, den Stachel des Schmerzes zu empfinden und das Gefühl von Enttäuschung, das damit zusammenhängt. Wenn man einen Verrat erlebt hat, dann hat man eine Hoffnung leben und sterben sehen.

Etwas ganz anderes wäre möglich gewesen, aber wegen dieser Person konnte es sich nicht verwirklichen.

Während Sie einatmen, entzünden Sie die Hitze und das Licht, das diese Wunden aufleuchten lässt. Während Sie ausatmen, werden Sie Zeuge für die entfesselten Gefühle Ihres Herzens, indem Sie sie klar und deutlich benennen, wie sie es dieser Person gegenüber tun würden, wenn sie nur zuhören würde. In der Stille Ihrer Kontemplation gibt es keine Gegenreaktion und keine Verwirrung. Begrabene Empfindungen werden mit kristallener Klarheit an die Oberfläche gebracht, und die Klärung beginnt.

Nun wechseln Sie die Positionen in Ihrer Kontemplation, so dass Sie durch die Augen Ihres Feindes oder Ihrer Feindin schauen. Erkennen Sie, dass diese Person ein ganz anderes Verständnis der Situation hat: andere Interpretationen und andere Intentionen. Das Denken und Fühlen dieser Person ist ein Produkt von Konditionierungsmustern, die Ihnen fremd sind, bis zu dem Punkt, wo sie Ihnen nahezu unverständlich sind. Das Schicksal hat diese Person zwar in Ihre Lebensgeschichte eingeführt, aber deshalb teilt sie doch keinesfalls Ihre Weltsicht. Darüber hinaus sehen Sie diese Person nicht so, wie sie sich selbst sieht, und diese Person sieht Sie nicht, wie Sie sich selbst sehen.

Wenn Sie Ihr eigenes Urteil zurückhalten und durch die Augen dieser Person sehen, werden Sie erkennen, dass von diesem Standpunkt aus ihre Handlungen völlig natürlich sind – und jetzt sind es Ihre Einstellung und Handlungen, die verdächtig erscheinen. Sie werden auch erkennen, dass die Feindseligkeit und Bitterkeit, die diese Person hegt, in Wirklichkeit reine Impulse sind, die nur auf verzerrte Weise umgesetzt wurden. Wie Ibn al-Arabi sagt: *„Der Ursprung eines jeden Impulses ist eine Regung der Liebe."*

Das Herz dieses Menschen wird von den gleichen tiefen Strömen der Liebe bewegt, die auch Ihr Herz bewegen, nur wurden diese Ströme falsch ausgerichtet und fehlgeleitet.

Das Ergebnis ist tiefe unbewusste Frustration. Und die Folge dieser Frustration ist die Neigung, um sich zu schlagen. Sie sind nicht wirklich das Objekt. Der Schmerz dieses Menschen richtet sich im Grunde gegen die eigene Person. Sie haben sich einfach im Bereich des Schmerzes eines anderen befunden und darin verfangen.

Und Sie haben Ihren eigenen Schmerz. Auf dieser Ebene können Sie mitfühlen, denn Sie wissen, was es bedeutet, Schmerz zu empfinden. Jetzt vermögen Sie zu sehen, dass der betreffende Mensch von einem Ort des Schmerzes herkommt, und Sie können sich mit ihm in der Solidarität des gebrochenen Herzens vereinen. Aber Sie können auch in die Freude einstimmen, die im Herzen dieses Menschen nach Ausdruck sucht. Vielleicht wurden Sie mehr als er oder sie mit der Fülle der Freude gesegnet, während die Freude in der inneren Verfassung des andern eher im Zustand der Möglichkeit bleibt, und deshalb handelt er oder sie so bösartig.

Am Ende gelangen Sie zu der Erkenntnis, dass Sie mit dieser Person nicht nur Verletztheit und eine tiefere Freude teilen, sondern etwas viel Fundamentaleres. In der Essenz sind Sie diese Person. Sie, abzüglich Ihrer Erfahrungen (auf allen Ebenen), zuzüglich der Erfahrungen dieser Person (auf allen Ebenen), sind gleich dieser Person, Ihrem „Feind". Und Ihr Feind minus seine Erfahrungen und plus den Ihren ist gleich Sie. Wo ist also dann die Grundlage für Abneigung und Feindschaft?

Jetzt schauen Sie einen Augenblick lang in Stille in die Augen Ihres „Feindes" oder Ihrer „Feindin".

KUPFERNE REGEL 8

Mein gewissenhaftes Selbst, verleite niemanden dazu, Unrecht zu tun.

Wenn Sie Zeit mit Kindern verbracht haben, dann werden Sie bemerkt haben, wie faszinierend Kinder sind. Ein Teil der Faszination besteht darin, dass die verschiedenen Einstellungen und Verhaltensweisen, die die Tiefenstruktur unserer erwachsenen Persönlichkeit bilden, in Kindern in ihrer einfachen Reinheit sichtbar werden.

Man sieht unter Kindern zum Beispiel die Neigung, sich an stellvertretendem Unfug zu erfreuen. Ein Kind würde gerne ein bisschen Unsinn machen, aber es möchte dafür nicht getadelt werden. Also schlägt das Kind einem anderen Kind den Unfug vor und bleibt dann im Hintergrund, um stumm zuzusehen, wie das Drama sich entfaltet, so unschuldig wie immer.

Natürlich machen wir Erwachsenen so etwas niemals, nicht wahr?

Denken Sie an die Tragik des Krieges. Es sind nicht so sehr die Truppen an der Front, die dafür verantwortlich sind, als vielmehr die Befehlskette, die Regierungen und letztendlich die Gesellschaft, die diesen Krieg billigt. Würden die Menschen öfter die Verwüstungen des Krieges an vorderster Front sehen, wäre ihre Haltung in den meisten Fällen anders, ebenso wäre die Militärpolitik anders. Unheil ist leichter aus der Distanz zu ertragen.

Der Prophet Zarathustra[17] lehrte, dass es nicht ausreicht, die Schädigung anderer nur auf der Handlungsebene zu vermeiden. Es gibt drei Ebenen. Die Handlung, aber vor der Handlung kommt die Sprache, und vor der Sprache kommt das Denken. Ein Gedanke geht in Worte über, und Worte führen zu Taten.

Die Umsetzung der eigenen Absichten verläuft in Stufen. Manchmal unterlassen wir die letztendliche Durchführung einer Handlung, aber wir haben alle Bedingungen für die Handlung innerlich vorbereitet. Alles, was noch aussteht, ist die Ausführung, und wenn wir die Handlung nicht selbst ausführen, dann wird sie auf einen anderen übertragen, entweder bewusst oder unbewusst. Auf diese Weise sind wir verantwortlich, selbst wenn wir uns nach außen hin zurückgehalten haben.

Wir vergessen oft, wie weit unser Einfluss reicht. Das Universum ist ein Spiegelpalast. Wie kann es da Sinn machen, Regungen, denen wir

[17] Der Prophet Zarathustra lebte wahrscheinlich ca. 630-550 v. Chr. (zur Zeit von Buddha und Je-saja) in Ostpersien. Der eingeweihte Magier mit hohem Bildungsgrad kritisierte die (altiranische) Tradition der Tieropfer, Zauberei sowie die Vielgötterei. Begründer der Zarathustra-Religion. Die bis zur Ausbreitung des Islam (Mitte des 7. Jhdts. n. Chr.) im alten Persien dominierende Lehre umfasst u. a. freie Willensbildung sowie gutes Denken – gutes Reden – gutes Handeln durch die Unterscheidung von Gutem und Bösem.

nicht in der Welt begegnen möchten, in unseren eigenen Gedanken und Worten Raum zu geben?

Das Gesetz der Resonanz ist real. Wir fühlen uns oft unbedeutend angesichts der ungeheuren Kräfte, die in der Welt am Werk sind, und schließen daraus, dass unsere Entscheidungen keinen Einfluss haben. Aber diese Form der Apathie hält die Trägheit und Verzweiflung auf der Welt nur endlos aufrecht.

Wir haben eine Wahl. Zarathustra selbst machte das absolut klar. Jeder Augenblick bietet eine Wahl. Ihre Wahl erfüllt Sie, fließt dann aus Ihnen heraus, erreicht andere Menschen, die Entscheidungen treffen, und verwebt sich in die Textur der manifesten Wirklichkeit. Ein brillanter Gedanke, ein brillantes Wort oder eine brillante Tat kann den Lauf der menschlichen Geschichte grundlegend verändern. Das ist schon geschehen, und es wird wieder und wieder geschehen.

Erlauben wir uns die bewusste Wahrnehmung unseres Einflusses und nehmen wir wahr, dass unsere Gedanken, Worte und Taten eine Wirkung auf den gesamten Verlauf des menschlichen Schicksals haben.

KUPFERNE REGEL 9 UND 10

**Mein gewissenhaftes Selbst,
sei gegen niemanden voreingenommen.**

**Mein gewissenhaftes Selbst,
erweise dich in all deinen Handlungen als vertrauenswürdig.**

Diese beiden Regeln werden durch eine Geschichte aus unserer eigenen Abstammungslinie veranschaulicht, die Geschichte von Fuzail bin Ayaz[18]. Fuzail bin Ayaz begann sein Leben als Bandit, als Straßenräuber. In jenen Tagen konnten Händler große Gewinne mit dem Import von Waren aus Ländern jenseits der Wüste erwirtschaften. Aber sie gingen auch ein großes Risiko ein, denn die Wüste war der Lieblingsplatz gesetzloser Banden, die gut davon lebten, Reisende auszurauben. Eine dieser Banden wurde von Fuzail bin Ayaz angeführt.

Eines Tages sandte Fuzail seine Bande wie üblich aus, um eine Händlerkarawane aus dem Hinterhalt anzugreifen. Da er der Chef war, nahm er nicht direkt an dem Überfall teil, sondern inszenierte ihn aus dem

[18] Fuzail bin Ayaz, gest. 803 n.Chr., wurde nach seiner Bekehrung vom Räuber zu einem moslemischen Heiligen und Asketen.

Hintergrund und blieb selbst im Räuberlager. Als die Händler die Plünderer auf sich zueilen sahen, gefror ihnen das Blut in den Adern. Einer von ihnen packte eine Truhe mit seinem wertvollsten Besitz, einer Schatzkiste voller Juwelen, und floh damit in Panik.

Auf seiner Flucht kam der Händler zufällig am Lager der Räuber vorbei, wo Fuzail bin Ayaz es sich vor einem Feuer bequem gemacht hatte. Höchst erleichtert, diesen Fremden entdeckt zu haben, flehte der Händler: „Meine Karawane wird belagert. Bitte, wenn Sie so freundlich wären, nehmen Sie diese Truhe und bewahren Sie sie für mich sicher auf, bis die Luft rein ist." Fuzail gab sein Einverständnis.

Als der Händler zum Ort des Überfalls zurückkehrte, sah er, dass die Banditen schon mit der Beute verschwunden waren und seine Mitreisenden sich auf die Weiterreise vorbereiteten, betrübt über den Verlust ihrer Waren, aber dankbar, am Leben zu sein. Der Händler entschied, dass es nun sicher sei, seine Truhe wiederzuholen, und machte sich auf den Weg. Stellen Sie sich seine Überraschung und sein Entsetzen vor, als er im Lager ankam und Fuzail bin Ayaz von den Angreifern umringt sah, die ihn klar erkennbar als ihren Führer betrachteten!

„Was habe ich nur getan?", dachte er. „Ich habe meine ganze Existenzgrundlage direkt in die Hände des Räuberhauptmanns gelegt." Niedergeschlagen wandte er sich zum Gehen. Aber Fuzail rief ihn: „Du da! Weshalb bist du gekommen?" Der Händler antwortete: „Dumm wie ich bin, kam ich, um meinen Schatz zurückzuholen. Eine absurde Idee, ich weiß."

Fuzail dachte einen Moment nach und sprach dann feierlich: „Du hast mir die Truhe anvertraut. Du hast mir vertraut, und ich vertraue Gott. Nimm sie." Indem er das sagte, gab er die Schatzkiste zurück, die der Händler erstaunt und mit unaussprechlicher Dankbarkeit entgegennahm.

Aber nicht nur der Händler war glücklich. Fuzail bin Ayaz entdeckte ein Glück, das er noch nie zuvor gekannt hatte. Er hatte das Vertrauen des Händlers eingelöst, und dadurch wurde ihm ein Wert bewusst, der viel größer ist als alle Reichtümer der Welt: der Wert der Vertrauenswürdigkeit.

Der Weg, der vor ihm lag, war jetzt absolut klar. Frevelhafte Taten zu begehen war nun nicht mehr möglich. Fuzail verließ seine Räuberbande und begann, das Leben eines Derwisch zu führen. Schließlich wurde er Schüler des Scheichs Abd al-Wahid bin Zaid[19] und schließlich sein Nachfolger. Sein eigener Nachfolger war Ibrahim Adham al-Balkhi. Während Fuzail einst ein Räuber war, war Ibrahim Adham einst der König von Balkh! Der Geist weht, wo er will!

Was sagt uns diese Geschichte? Die Lektion für den Händler war: „Sei gegen niemanden voreingenommen." Die Lektion für Fuzail war:
Erweise dich in all deinen Handlungen als vertrauenswürdig.

[19] Abd al-Wahid bin Zaid war ein Sufi-Heiliger des 8. Jahrhunderts n. Chr.

SILBERNE REGEL 1

Mein gewissenhaftes Selbst, halte die Pflicht für ebenso heilig wie Religion.

Vergegenwärtigen Sie sich einen Moment lang eine Pflicht, die Sie heilig halten, eine Verpflichtung gegenüber einer Person oder einer Gemeinschaft. Diese Verpflichtung einzuhalten mag vielleicht nicht immer leicht sein; es kann Opfer erfordern. Aber Sie sind so tief von ihrem Wert überzeugt, dass Sie gerne Vorteile und Nutzen aufgeben und bereitwillig Schwierigkeiten und Anstrengungen auf sich nehmen, um die Verpflichtung zu erfüllen. Denn sie wissen, dass genau das einmal Ihr Vermächtnis sein wird, wenn Sie Ihren letzten Atemzug auf Erden tun und Ihre Seele ihrem Schöpfer entgegeneilt. Im Wissen um die Bedeutung der Pflichterfüllung und im Einhalten Ihrer heiligen Verantwortung liegt eine tiefe Befriedigung, eine Befriedigung, die Ihnen niemand wegnehmen kann.

Das Kennzeichen einer wahren Pflicht besteht darin, dass man sie nicht ausübt, um eine Belohnung dafür zu bekommen. Das Ausüben selbst ist die Belohnung.

Mein gewissenhaftes Selbst,
halte die Pflicht für ebenso heilig wie Religion.

SILBERNE REGEL 2

Mein gewissenhaftes Selbst, sei bei jeder Gelegenheit taktvoll.

Takt ist keine Täuschung. Takt ist Rücksicht. Hazrat Inayat Khan sagt: *„Die Wahrheit, die wie ein Hammerschlag trifft, ist nicht die Wahrheit."* Was richtig ist, was natürlich ist, was sich wahr anfühlt, das hängt von den jeweiligen Umständen ab. Es geht darum, in Harmonie mit dem Augenblick zu sein. Das heißt aber nicht, dass Takt immer duldsam und sanft sein muss. Takt kann auch kühn und mutig sein. Aber Takt hat immer mit Rücksicht zu tun.

Takt, Feinfühligkeit für die Empfindungen anderer, ist das Gegenteil von nachlässiger, rücksichtsloser Unachtsamkeit. Letztere ist reine Selbstbezogenheit. Takt bedeutet, die Bedürfnisse des anderen zu sehen und anzuerkennen. Takt heißt, die uns umgebende Musik des Lebens zu verstehen und mit ihr in Einklang zu kommen. Takt heißt, wie Wasser zu fließen, anstatt unnötigerweise Widerspruch herauszufordern. Allzu leicht lösen wir Gegnerschaft aus, wenn wir achtlos sind, wenn wir die Praxis einfacher Höflichkeit vernachlässigen, einfacher Verhaltensregeln, mit denen wir die Existenz der Menschen um uns herum und ihre Rechte würdigen. Wie viele Auseinandersetzungen, Konflikte, ja sogar

Kriege sind das Ergebnis unnötiger Provokationen. Wie viel Verständnis hingegen kann sich entwickeln, wenn wir uns bemühen, taktvoll zu sprechen und zu handeln.

Wenden Sie sich nach innen und schauen Sie: Können Sie sich an das letzte Mal erinnern, als Sie in einer Situation nicht genügend Takt aufbrachten? Wie sahen die äußeren und inneren Umstände aus, die diesen Fehltritt auslösten? Wie hat es auf diejenigen gewirkt, die Ihre Äußerungen gesehen oder gehört haben? Und welche Wirkung hatte es auf Sie selbst?

Kontemplieren Sie über diese Erfahrung, und Sie haben eine Lektion gelernt. Wenn wir klar die Ursache und Wirkung unseres Verhaltens erkennen, festigen wir unser Ideal. Aber denken Sie auch an die letzte Situation, die Sie sorgfältig, rücksichtsvoll und erfolgreich mit Takt bewältigt haben. Welche äußeren und inneren Umstände gestatteten es Ihnen, so zu handeln? Welchen Effekt hatte es auf Sie?

Ziehen wir aus dieser Rückbesinnung Kraft, und verfolgen wir stets das Ziel, unsere Fähigkeiten zu erweitern, taktvoll zu sein bei allen Gelegenheiten, seien sie günstig oder ungünstig.

Mein gewissenhaftes Selbst,
sei bei jeder Gelegenheit taktvoll.

SILBERNE REGEL 3

Mein gewissenhaftes Selbst, räume anderen Menschen in deiner Wertschätzung ihren angemessenen Platz ein.

Worin besteht das Risiko, jemanden zu überschätzen und zu viel von ihm oder ihr zu erwarten? Können Sie sich an eine derartige Erfahrung erinnern, und besonders an die Enttäuschung, die darauf folgte? Solche Fehlurteile werden weder der anderen Person noch uns selbst gerecht. Unser Gefühl, von anderen enttäuscht oder im Stich gelassen zu sein, ist das Ergebnis einer von vornherein falschen Voraussetzung.

Wenn wir eine Person unterschätzen, sehen wir nicht, was vor unseren Augen liegt, schmälern ihren Wert, missachten das Potenzial, das in ihr angelegt ist, und versäumen dadurch eine günstige Gelegenheit. So etwas geschieht recht häufig, nicht wahr? Wir ordnen eine Person in eine bestimmte Kategorie ein, und dann sehen wir die Person nicht mehr, sondern nur noch die Kategorie. Wir hören nur noch das, was diese Person – unserer eigenen Annahme zufolge – sagen würde, wenn wir ihr überhaupt zuhören würden.

Vielleicht ist es nicht immer möglich, einen anderen Menschen vollständig zu sehen. Wir sind nicht allwissend. Trotzdem liegt es in unserer

Macht, uns den Schlaf aus den Augen zu wischen und die Menschen mit einem ungetrübten Blick zu betrachten. Es geht darum, offen, achtsam und bewusst in jeder mitmenschlichen Beziehung zu sein.

Richtig gesehen und eingeschätzt zu werden ist ein Segen. Wenn jemand uns nicht mit unehrlichem und gefälligem Lob schmeichelt, sondern die tatsächlich gegebenen Qualitäten unseres inneren Wesens erkennt – Qualitäten, die vielleicht für die blinden Augen der Welt noch nicht sichtbar sind –, dann werden die Qualitäten angeregt, heller hervorzuleuchten. Und wenn wir selbst angemessen gesehen und dadurch gesegnet wurden, ist es nur natürlich, zu versuchen, auch die anderen Menschen angemessen zu sehen.

Mein gewissenhaftes Selbst,
räume anderen Menschen in deiner Wertschätzung
ihren angemessenen Platz ein.

SILBERNE REGEL 4

Mein gewissenhaftes Selbst, sei für niemanden mehr, als von dir erwartet wird.

Diese Aussage mag uns verblüffen, weil es uns engherzig vorkommt, nur das zu sein, was von uns erwartet wird. Vielleicht meinen wir, dass wir die Erwartungen anderer übertreffen sollten. Dennoch ist es wichtig, über unsere Motivation nachzudenken. Was treibt unser Bedürfnis an, mehr zu sein als das, was man von uns erwartet? Wir halten unsere Absichten für gut – aber entsprechen sie dem, was wirklich gewünscht, was wirklich gebraucht wird? Hat unsere großzügige Geste tatsächlich mit der anderen Person zu tun, oder hat sie mehr mit dem Bild zu tun, das wir von uns selbst entwerfen wollen? Es gibt so viele Projekte und Initiativen, die sich mit der Rettung der Welt oder der Rettung von Seelen befassen, und doch achten etliche ihrer Mitarbeitenden nur wenig darauf, was die Menschen, die sie angeblich retten wollen, wirklich wünschen und brauchen. Das ist Anmaßung, wenn auch mit guter Absicht. Diese Regel mahnt uns, innezuhalten und uns zu bemühen herauszufinden, was die andere Person möchte, und ihr nur dann zu helfen, wenn wir ihr die richtige Hilfe anbieten können.

Rufen Sie sich eine Situation ins Gedächtnis, in der Sie sich von jemandem unter Druck gesetzt und gedrängt fühlten, der vielleicht in der Tiefe seines Herzens ganz ehrlich die Absicht hatte, Ihnen zu helfen, aber nicht wusste wie – und am Ende mehr Schaden als Gutes anrichtete.

Dann tauschen Sie die Rollen und versetzen sich in die Lage eines Menschen in Ihrem Leben, der nicht aufnahmebereit ist für das, was Sie ihm anbieten. Erwägen Sie, eine veränderte Haltung ihm gegenüber einzunehmen, eine Haltung, in der Sie Ihr Mitgefühl nicht zurückziehen, sondern sich auf andere Weise um ihn kümmern. Das heißt, dass Sie ein gewisses Maß an Unabhängigkeit und Geduld in Ihre Haltung und Ihr Verhalten einführen – eine Bereitschaft zu dienen, wenn die Situation es verlangt, jedoch ohne zwanghaftes Bedürfnis, um jeden Preis etwas zu tun.

Mein gewissenhaftes Selbst,
sei für niemanden mehr, als von dir erwartet wird.

SILBERNE REGEL 5

Mein gewissenhaftes Selbst, achte die Gefühle eines jeden Wesens.

Das klingt wie eine große Herausforderung! Würde es uns nicht völlig lahmlegen? Es ist schon schwer genug, die Last unserer eigenen Hoffnungen und Ängste zu tragen. Da könnte es sein, dass unsere Fähigkeiten nicht ausreichen für die Anstrengung, auch noch den Gefühlen anderer in uns einen Platz einzuräumen. Und weil wir diese Sorge hegen, weil wir fürchten, überfrachtet zu werden, halten wir uns zurück und unterlassen es, unser Mitgefühl vorbehaltlos auf andere auszuweiten.

Liest man diese Regel jedoch genau, dann erkennt man, dass es nicht heißt: Unterwirf dich den Gefühlen eines jeden Wesens. Die Regel verlangt nicht von uns, unsere Ansichten zu ändern oder uns den Wünschen irgendeines Menschen zu fügen.

Sie fordert uns nur auf, zuzuhören, mitzufühlen und zu versuchen, den anderen zu verstehen – für einen Augenblick in die Schuhe einer anderen Person zu schlüpfen und durch ihre Augen zu schauen. Die Geschichte dieser Person ist auf ihre Weise ebenso überzeugend wie unsere eigene.

Unsere eigene Geschichte, die wir so hoch einschätzen, ist nur eines unter vielen Myriaden von Blickfeldern, die sich alle überlappen und durchdringen und die alle vom göttlichen Blick umfasst werden. Und doch haben wir eine besondere Verantwortung, uns selbst darzustellen und einzubringen. Wir haben die Pflicht, unsere Aufgabe im Leben zu erfüllen. Wir müssen nicht der Aufgabe eines anderen Menschen dienen. Wenn wir die anderen einfach nur anerkennen, dann schlägt unsere Einsatzbereitschaft einen harmonischen Ton an.

Wir können folgende Kontemplation durchführen: Nehmen Sie sich für eine Woche oder einen Monat vor, jeden Tag eine Person, ein Tier, eine Pflanze oder ein anderes Wesen auszuwählen und sich immer wieder mit ihm oder ihr zu identifizieren. Das erweitert unsere Fähigkeit, mit anderen mitzufühlen und sie zu verstehen.

Mein gewissenhaftes Selbst,
achte die Gefühle eines jeden Wesens.

SILBERNE REGEL 6

Mein gewissenhaftes Selbst, fordere niemanden heraus, der dir nicht ebenbürdig ist.

Wenn sich in unserem Ego innere Erregung und Unruhe aufbaut, dann suchen wir nach einem Ventil, um die Energie abzulassen, und es ist nur allzu üblich, dass diese überschüssige Energie in aggressive und erniedrigende Worte und Handlungen einfließt, die zwangsläufig gegen diejenigen gerichtet sind, die weniger Macht haben.

Es mag eine mutige Tat sein, einer Person die Stirn zu bieten, die mächtiger ist als man selbst und die diese Macht missbraucht, aber es kann niemals mutig sein, eine Tirade auf jemanden loszulassen, der weniger stark ist.

Wenn sich in uns eine innere Unruhe ausbreitet, so wirkt diese Regel als Kontrolle gegen die Versuchung, gedankenlos um sich zu schlagen. Sie fordert uns heraus, innezuhalten, zu atmen, über die Ursache unseres inneren Aufruhrs zu reflektieren und dann bedachtsam und zielorientiert zu handeln.

Mein gewissenhaftes Selbst,
fordere niemanden heraus, der dir nicht ebenbürtig ist.

SILBERNE REGEL 7

Mein gewissenhaftes Selbst, stelle deine Großzügigkeit nicht zur Schau.

Einer der wesentlichen Grundsätze des Sufismus ist die Erkenntnis, dass nichts wirklich zufällig, willkürlich und bedeutungslos ist. Im Gegenteil, alles – all unsere Handlungen, Worte und Gedanken – entspringen der göttlichen Quelle.

Und doch werden im Prozess der Manifestation die göttlichen Ströme, die durch unsere Persönlichkeit fließen, umgeleitet und verengt, sodass in einigen Fällen der ursprüngliche Impuls scheinbar verlorengegangen ist. Aber es ist tröstlich und ermutigend zu wissen, dass sogar in den schlimmsten Gewohnheiten und Begehrlichkeiten unseres Gemüts ganz in der Tiefe eine reine und gute Absicht vergraben ist.

Betrachten wir die Großmut. Wir sind von Natur aus großzügig, weil wir dem Göttlichen angehören und das göttliche Licht wesensmäßig freigebig und wohlwollend ist. Es ist die Quelle, aus der alles entsprungen ist. Aber in uns hat es sich oft mit anderen Bestrebungen vermischt, die mit unserer Sorge zu tun haben, wie wir in der Welt gesehen werden. Wir möchten in den Augen von allen ein gutes Bild abgeben und es stets verbessern. Das heißt, dass wir beträchtlich viel Energie darauf verwenden, über die Meinungen, die andere Leute von uns haben, zu spekulieren und zu versuchen, ihre Wahrnehmungen zu optimieren. Und dieser Gedankengang vermischt sich mit unserer einfachen, reinen, im Göttlichen verwurzelten Großherzigkeit – mit dem Ergebnis, dass die Aufrichtigkeit unserer ursprünglichen Großmut beeinträchtigt wird.

Um die ursprüngliche Reinheit unserer großzügigen Natur zurückzugewinnen, ist es erforderlich, dass wir uns weniger Sorgen darüber machen, was andere Menschen von uns denken. Das kann man schaffen, wenn man immer mehr „allein für Gott lebt". Gott betrachtet uns in den inneren Tiefen unseres eigenen Wesens. Erkennen Sie, dass es in der Welt viele Blickwinkel gibt – dass wir und jede andere Person von verschiedenen Perspektiven aus gesehen werden –, und lassen Sie es damit gut sein. Niemand auf der Welt sieht Sie als Ganzes. Aber es gibt einen Blick, der aus der Ewigkeit strahlt und alles wahrnimmt.

Wir haben ein wunderbares Beispiel für diese Art von Großzügigkeit in unserem Leben, nämlich das Beispiel unserer Erde und ihrer göttlichen Quelle. Wie reichlich nährt, erhält und versorgt sie uns ständig in unermüdlicher Freigebigkeit. Sie gibt, ohne dabei ihr Geltungsbedürfnis zu befriedigen oder uns Auflagen zu machen. Die göttliche Geberin bleibt so sehr im Verborgenen, dass es in unserer Welt normal geworden ist, ihre Existenz anzuzweifeln. So gründlich hat sich die Gebende im Geschenk verborgen! Das ist eine Stufe von Großmut, die wir anstreben müssen.

Hazrat Inayat Khan verwendet den Ausdruck „stilles Arbeiten". Leiste einen einfachen, stillen Dienst, ohne großes Aufsehen davon zu machen. Wenn er darüber spricht, was es bedeutet, die göttliche Botschaft zu verbreiten, benutzt er ein ungewöhnliches Bild: Man muss sich wie eine Person verhalten, die Vögel füttern will. Da die Vögel scheu sind und es nicht wagen, nahe zu kommen, muss man sich verstecken und aus dem Versteck die Brotkrumen werfen. Das ist das Gegenteil davon, seine Großmut zur Schau zu stellen.

Mein gewissenhaftes Selbst,
stelle deine Großzügigkeit nicht zur Schau.

SILBERNE REGEL 8

Mein gewissenhaftes Selbst, bitte nicht diejenigen um einen Gefallen, die ihn dir nicht erfüllen werden.

Halten wir einen Augenblick inne und erinnern uns an eine Situation, in der wir jemanden inständig um etwas gebeten haben und abgewiesen wurden. Und dann rufen Sie eine Erinnerung wach, als etwas inständig von Ihnen erbeten wurde und Sie diesem Anliegen aus bestimmten Gründen nicht nachkommen konnten. Erinnern Sie sich, wie Ihre negative Antwort auf die andere Person gewirkt hat.

Diese Regel hat mit Beziehungen zu tun. Sie fordert uns auf, unsere volle Achtsamkeit auf unsere Beziehungen zu richten, anstatt uns so sehr in Selbstbezogenheit zu verlieren, dass wir kein Verständnis für die Gedanken, Gefühle und Neigungen der Menschen um uns herum aufbringen. Wenn wir in dieser Haltung sind, werden wir uns immer wieder von den Reaktionen anderer überrascht und überrumpelt fühlen. Die anderen erfüllen nicht unsere Erwartungen; wir sind stets von neuem enttäuscht, sodass die Anhäufung unserer Enttäuschungen schließlich zu Depression und Hoffnungslosigkeit führt – und das alles, weil wir ganz zu Anfang unrealistisch in unserer Einschätzung waren.

Wir müssen lernen, unsere Erwartungen zu begrenzen und sie in Einklang zu bringen mit einer vernünftigen Wahrnehmung und Erkenntnis der Menschen in unserer Umgebung; mit ihrer Art zu denken und sich zu verhalten und ihrer Motivation, anstatt so vollständig gefangen zu sein in unseren eigenen Bedürfnissen, Wünschen und Ambitionen, dass wir nichts anderes mehr sehen. Je besser wir die Perspektiven anderer Menschen verstehen können, desto mehr sind wir geschützt vor Enttäuschungen und desto eher können wir Toleranz üben. Dann stürzen wir uns nicht mehr kopfüber in Beziehungen, sondern nehmen Kontakt mit anderen auf im Geist wechselseitiger Abhängigkeit, Verbundenheit und Gegenseitigkeit. Wir mögen es ja selber nicht, in Verlegenheit gebracht und Ansprüchen ausgesetzt zu werden; deshalb sollten wir, wenn wir eine Bitte aussprechen, die Situation des anderen genau einschätzen. Wir müssen uns fragen: Welche Faktoren könnten unter Umständen die Bereitschaft dieser Person einschränken, unserem Anliegen stattzugeben? Das bedeutet nicht, dass wir total pessimistisch werden müssen; es mag gute Gründe geben, Hoffnung zu haben, aber lassen Sie uns realistisch sein. Immer wenn wir enttäuscht sind, liegt es an einem Mangel an Realismus.

Mein gewissenhaftes Selbst,
bitte nicht diejenigen um einen Gefallen, die ihn dir nicht erfüllen werden.

SILBERNE REGEL 9

Mein gewissenhaftes Selbst, begegne deinen Unzulänglichkeiten mit dem Schwert der Selbstachtung.

Unzulänglichkeiten: Wir alle haben sie. Wir sind menschlich. Wir sind vergänglich und unvollkommen. Und Unvollkommenheit kann unangenehm sein. Deshalb strengen wir uns sehr an, das Bewusstsein unserer Schwächen zu unterdrücken. Wir versuchen, ein Bild der Vollkommenheit und Unfehlbarkeit abzugeben und die Realität unserer Zerbrechlichkeit und Gebrochenheit ganz weit wegzuschieben. Aber wir können der Unvollkommenheit natürlich nicht entfliehen, und die Täuschung erweist sich als weitaus gefährlicher als die ursprüngliche Begrenztheit.

Eine andere Reaktion besteht darin, unseren Schwächen nachzugeben, sich in ihnen zu suhlen, einzugestehen, dass das eigene Selbst hoffnungslos minderwertig und unwürdig ist. Das ist ebenso gefährlich und kräftezehrend wie die zuerst beschriebene Reaktion.

Es gibt aber noch einen dritten Weg, und auf diesen weist Hazrat Inayat Khan uns hin. Der dritte Weg sieht so aus, dass wir unseren Unzulänglichkeiten mit Klarheit, Verständnis, Mitgefühl, Hoffnung und

Vertrauen begegnen. Ihn zu gehen heißt, zu sehen, dass wir als unvollkommene Wesen geschaffen wurden, dass aber genau diese Unvollkommenheit bedeutet, dass es in uns Raum für Wachstum, Veränderung und Bewegung gibt – Raum für Transformation. Vollkommenheit ist kein weit entferntes, eisiges Ideal. Vollkommenheit ist der Prozess, der uns zu größerer Tiefe und Fülle führt, ein Prozess, der sich schrittweise vollzieht. Und jeder Schritt nach vorne ist ein leuchtender Akt.

Ein großer Sufi sagte einmal, der Moment der Zeit ist ein scharfes Schwert, das die Schuld und Reue der Vergangenheit und die Habgier der Zukunft wegschneidet. Das heißt, voll gegenwärtig im Augenblick zu leben. Ein Schwert durchsticht die Oberfläche und macht einen Schnitt in die Tiefe. Ein Schwert ist gerade, wie die Geradheit des Rückgrats, und das fördert die Klarheit. Ein Schwert besteht aus poliertem Stahl, glänzend und hell. So müssen wir uns fragen: Können wir unseren Begrenzungen mit absolut scharfem Blick und zugleich mit Mitgefühl und Hoffnung begegnen?

Nehmen Sie sich einen Augenblick Zeit und denken Sie, wenn Sie wollen, an eine Schwäche, die Sie in Ihrem Leben wahrnehmen, einen Aspekt in Ihrem Leben, der nicht mit dem perfekten Bild von der Person übereinstimmt, die Sie Ihrem Empfinden nach sein sollten. Das Wort „sollte" wirft eine Frage auf: Worauf beruht der innere Zwang, der Sie dazu veranlasst, anders sein zu wollen, als Sie sind? Ist es ein ungesundes Motiv? Kommt es von außerhalb Ihres Selbst? Ist es ein Gefühl von Schuld oder Scham? Oder nehmen Sie ganz im Gegenteil darin den Ruf des Schicksals wahr: einen Antrieb, der aus der Fülle Ihres ganzen Wesens entspringt, eine Inspiration, die aus der Vision von Fähigkeiten hervorgeht, die bislang noch latent sind, sich aber schon in Ihrem Innern regen und nach vollerem Ausdruck suchen? In diesem Fall betrachten Sie Ihre Schwächen, Ihre Unvollkommenheiten im Licht dieser latenten Kraft, Schönheit und Anmut.

Betrachten Sie den Zustand eines Kleinkindes oder eines Eis oder eines Setzlings im Vergleich zum voll ausgewachsenen, voll verwirklichten Erwachsenen dieser Spezies; möglicherweise ist unsere Unvollkommenheit ganz ähnlich, und in all der Unbeholfenheit und vielleicht sogar Verzerrung liegt schon die Verheißung dessen, was in Erscheinung treten will. Man sieht sich selbst mit dem göttlichen Blick, dem Blick des Wohlwollens.

Mein gewissenhaftes Selbst,
begegne deinen Unzulänglichkeiten mit dem Schwert der Selbstachtung.

SILBERNE REGEL 10

**Mein gewissenhaftes Selbst,
lass nicht zu, dass du dich im Missgeschick gedemütigt fühlst.**

Das Rad des Glücks dreht sich unaufhörlich, und die Glücksfälle kommen und gehen. Man erwirbt Reichtum und verliert ihn. Man erlangt Ruhm und verliert ihn. Man gewinnt Macht und verliert sie wieder. Wenn wir unser Denken und Fühlen von äußeren Umständen abhängig machen, dann erleben wir, wie mit jeder Veränderung der Umstände unsere Stimmung sich hebt oder senkt: Haben wir Erfolg, sind wir begeistert, verlässt uns das Glück, dann sind wir niedergeschlagen und verzweifelt. Wir sind abhängig von den Umständen; wir sind Opfer des Schicksals. Wenn jedoch der Sinn, das Ziel und die Erfüllung der Seele in unserem Innern liegen, werden die äußeren Umstände nebensächlich. Ob wir uns gerade an Reichtum und Macht erfreuen oder verarmt und machtlos sind, der Geist bleibt mit der göttlichen Quelle verbunden und entwickelt sich wunderbar. Er ist nicht von irgendwelchen äußeren Dingen oder Zuständen abhängig. Was immer über uns gedacht und gesagt wird, ist letztlich unwichtig, denn unser Geist badet im Glanz des Ewigen Lichts. Dann müssen wir keine Furcht mehr vor der Welt und ihren Wechselfällen haben, weil wir in der Welt, aber nicht von der Welt sind. Aus genau diesem Grund begrüßen die Derwische – die staubige, zerrissene Kleider tragen und nichts besitzen – einander mit „oh König aller Könige, oh Herrscher aller Herrscher", wenn sie sich treffen. In den Augen der Welt erscheint das lächerlich, aber sie kennen das Geheimnis wahrer Majestät von Königen und Königinnen: die Freiheit des Geistes.

Mein gewissenhaftes Selbst,
lass nicht zu, dass du dich im Missgeschick gedemütigt fühlst.

GOLDENE REGEL 1

Mein gewissenhaftes Selbst, bleibe deinen Grundsätzen in Glück und Unglück treu.

Wie einfach ist es, nett, gerecht und freundlich zu sein, wenn alles gut läuft und die äußeren Umstände angenehm und günstig sind, und wie schwierig ist es, so zu sein, wenn die äußeren Umstände ungünstig sind. Wenn man sich gestresst und überanstrengt fühlt, müde, erschöpft und bis an die eigenen Grenzen gefordert, erst dann kommt die eigentliche Prüfung. Dann spüren wir vielleicht die Versuchung, unsere eigene Integrität aufs Spiel zu setzen und uns einzureden, unser Verhalten ist eben zweckmässig. In solchen Momenten brauchen wir dringend unsere Grundsätze. Können wir unseren Verhaltenskodex aufrechterhalten?

Es fällt uns leicht, höflich zu denen zu sein, die höflich zu uns sind. Das ist ganz natürlich. Nicht so leicht ist es, höflich zu sein gegenüber jenen, die nicht höflich zu uns sind. Genau dann werden wir getestet. Und wenn wir unsere Grundsätze auch in schwierigen Situationen hochhalten, dann erweisen sie sich als wirkungsvoll, real, wahr und sinnvoll.

Darum geht es auch, wenn wir mit Verhaltensweisen anderer Menschen konfrontiert werden, die für uns schwer zu ertragen sind. Oft vergessen wir, dass der andere wahrscheinlich unter irgendwelchen Belastungen steht, und wenn wir uns daran erinnern, dass wir im Unglück alle in unseren Idealen herausgefordert sind, dann können wir eher mit Verständnis und Mitgefühl reagieren.

Was uns selbst betrifft, so können wir uns vornehmen, achtsam zu sein, wenn wir unter Druck stehen, und uns fragen: Soll ich mich der Herausforderung stellen, wo ich doch weiß, dass ich angespannt bin? Kann ich der Versuchung widerstehen, meine Ideale zu gefährden? Erst wenn man sich der inneren Schwierigkeiten und Nöte, in denen man steckt, bewusst wird, kann man sich bemühen, seine Hingabe an die eigenen Ideale zu verstärken.

Wir sind hier auf Erden, um geprüft zu werden, denn im Himmel haben Tugenden keine große Realität. Dort ist alles so viel leichter. Tugenden werden erst real, wenn wir darin getestet und Versuchungen ausgesetzt werden, wenn wir herausgefordert werden. Und so befinden wir uns nun hier auf der Erde, damit wir mit Begrenzungen, Widerstand und all den Prüfungen und Anfechtungen dieser Welt konfrontiert werden und das, was wahr, gut und schön ist, hochhalten, damit es verwirklicht werden kann. Wir müssen uns an den höchsten Maßstab von Verantwortlichkeit halten und die Schwierigkeiten als von Gott gegebene Gelegenheiten ansehen. „Mache Gott zur Realität, und Gott wird dich zur Wahrheit machen."

Mein gewissenhaftes Selbst,
bleibe deinen Grundsätzen in Glück und Unglück treu.

GOLDENE REGEL 2

**Mein gewissenhaftes Selbst,
bleibe in den Prüfungen und Versuchungen
des Lebens fest im Glauben.**

In der ersten Regel geht es darum, in Prüfungen und Versuchungen an unseren Grundsätzen festzuhalten, und diese zweite Regel verlangt von uns – zusätzlich zum Wahren unserer Grundsätze –, unseren Glauben hochzuhalten und nicht der Verzweiflung zu erliegen, denn in jedem Augenblick fügt sich alles neu.

Der Dichter Tulsidas[20] sagte, dass Ravana, der Dämonenkönig, der Sita entführte, Ramas größter Verehrer war. Ebenso wie Rama finden wir uns in unserem Leben alle vor Prüfungen und Versuchungen verschiedener Art gestellt, und normalerweise begegnen wir diesen Herausforderungen mit Frustration und wünschen uns, dass die Probleme einfach verschwinden. Wenn wir sie aber als Prüfungen und Versuchungen be-

---

[20] Tulsidas (1532-1623 n. Chr.) war ein indischer Dichter, Mystiker, Reformator und Philosoph. Die Geschichte von der Entführung Sitas durch den Dämonenkönig Ravana und von ihrer Befreiung durch ihren Gatten, den König Rama, wird im indischen Nationalepos Ramayana (entstanden zwischen dem 4. Jahrhundert v. Chr. und 2. Jahrhundert n. Chr.) erzählt.

trachten, dann sehen wir, dass wir aufgefordert werden, auf eine Weise zu reagieren, die bislang nicht enthüllte Dimensionen unseres Wesens hervorbringt. Wäre alles nur leicht und angenehm, würde sich keine dieser Qualitäten in uns je manifestieren. Gäbe es keine Fehler oder Fehlurteile, könnten Vergebung und Mitgefühl niemals in uns sichtbar werden. Ebenso wie unsere Begrenzungen Raum schaffen für die göttliche Vergebung, so schaffen die Qualen, denen wir im Leben ausgesetzt sind, eine Gelegenheit für die Verkörperung von Qualitäten in unserem Wesen, die ansonsten nur als Samen existieren würden.

Was würde es bedeuten, wenn wir die Person oder Situation, die uns herausgefordert hat, nicht als Feind, sondern als unseren größten Verehrer ansehen? Wenn jemand Sie herausfordert, können Sie dann denken: Hier ist eine Person, die sich wünscht, von dem, was ich sage oder tue, zu lernen? Natürlich erwartet im Allgemeinen derjenige, der uns herausfordert, dass wir mit gleicher Münze zurückzahlen, nämlich mit Ärger und Feindseligkeit. Aber stellen Sie sich vor, dass Sie diese Erwartung enttäuschen und Ihren Gegner mit Qualitäten Ihres Wesens überraschen, die die Art der Begegnung grundlegend transformieren. Dann wird aus dem Gegner tatsächlich jemand, der aus der Situation lernt.

Vielleicht sind Sie auch einmal einem Menschen begegnet, der sich in den Konflikt mit solcher Integrität einbringt, dass Sie, obwohl Ihre Interessen unterschiedlich sind, nicht anders können, als ihn oder sie zu respektieren und in gewisser Hinsicht als Freund oder Freundin zu betrachten. Also könnten wir uns gleichermaßen bemühen, ein solcher Mensch zu sein, so dass sich diejenigen, die mit uns im Konflikt stehen, gezwungen fühlen, die Integrität unserer Reaktionen wertzuschätzen, während sie gleichzeitig weiterhin ihre Position vertreten.

Was macht es möglich, dass sich diese Integrität zeigen kann? Es gibt einen Hinweis in unserer Regel: Sei fest im Glauben. Glauben bedeutet Hoffnung; man bemitleidet sich nicht selbst, sondern fühlt die Hand des göttlichen Schutzes und der göttlichen Führung immer Klarheit in Bezug auf unsere Bestimmung und Ziele, so dass wir nicht den Versuchungen erliegen. Der Glauben vermittelt uns das Gefühl, dass auch diese Schwierigkeit vorübergehen wird, über dem Haupt, auch in tiefster Dunkelheit. Der Glauben gibt uns Festigkeit, Stärke und Belastbarkeit, wie schwierig die Umstände auch sind. Der Glauben gibt uns und hilft uns – was von allergrößter Wichtigkeit ist –, der schwierigen Situation mit Integrität, Ehrlichkeit, Mitgefühl und Wohlwollen zu begegnen. Der Glauben bestärkt mich in der Überzeugung, dass ich es schaffe, die Qualitäten zu entfalten und zu verkörpern, die in mir gerufen werden, und dass ich als Kanal diene, durch den die göttlichen Namen sich mehr und mehr in der Welt offenbaren können. Kümmern Sie sich nicht um Ruhm und Glück, sondern werden Sie zu einem durchlässigen Instrument, durch das sich das göttliche Leben immer mehr auf Erden verwirklichen kann.

Mein gewissenhaftes Selbst,
bleibe in den Prüfungen und Versuchungen des Lebens fest im Glauben.

GOLDENE REGEL 3

Mein gewissenhaftes Selbst, hüte die Geheimnisse deiner Freundinnen und Freunde als das heiligste dir anvertraute Gut.

Hazrat Inayat Khan verbindet oft diese zwei Wörter: geheim und heilig. Wenn man sich in eine spirituelle Gemeinschaft einweihen lässt, wird man gefragt: „Willst du die spirituelle Führung, die dir angeboten wird, als ein heiliges und geheimes Gut annehmen, das dir anvertraut wurde?" Wir werden aufgefordert, nicht öffentlich über die allerinnersten Prozesse unseres Weges zu sprechen, sie verschleiert zu halten, weil die Geheimhaltung den geeigneten Kontext für sehr feine, zarte, transzendente Erfahrungen abgibt. Sobald wir anfangen, gedankenlos über etwas zu sprechen, wird es klein und gewöhnlich.

Diese Leitlinie hat auch Bedeutung für unsere Beziehungen zu anderen Menschen. Etwas Schönes in der Freundschaft ist das Vertrauen: sich einander anzuvertrauen, zu spüren, dass man einem andern sein Herz ausschütten kann – in Vertrauen und gegenseitigem Respekt für die Heiligkeit des Austauschs. Es sind zarte Andeutungen von Herz zu Herz, ein Flüstern von Geheimnissen und eine Enthüllung der inneren Geschichte unseres Herzens, die wir so streng verborgen halten, weil sie leidet, sobald sie dem Licht der Öffentlichkeit ausgesetzt wird. Wenn wir Tiefe in unserem Leben haben, so darum, weil es etwas in uns gibt, über das wir nur schwer sprechen können. Wenn es preisgegeben wird, schrumpft es zusammen. Es braucht die Stille und Intimität subtiler, herzerfüllter Augenblicke in der Beziehung. Es kann nicht offen gesagt werden, sonst wird es seiner Paradoxie, seiner Lyrik und seiner Wahrheit entkleidet. Ein Teil tiefer Freundschaft besteht in der Fähigkeit, auf ungewöhnlicher Ebene zu kommunizieren.

Wenn wir das Vertrauen anderer Menschen erwarten, müssen wir selbst vertrauenswürdig sein, und das bedeutet, immer der Versuchung zu widerstehen, das Vertrauen zu brechen, etwas auszuplaudern, worüber wir nicht sprechen sollten.

Wir haben die Tendenz, unsere Beziehungen zu vermischen, und das bringt viele Probleme mit sich. Allzu oft, wenn wir mit einer Person ein Problem haben, neigen wir dazu, es unter anderen Leuten zu verbreiten. Wir gehen zu jemandem und beschweren uns über diese Person, oder wir sind enttäuscht von einer Person und lassen den Frust an einer anderen Person aus. Manchmal sind wir verwundert, weil jemand uns auf eine total unerwartete Art behandelt. Vielleicht ist der Grund für dieses Verhalten, dass eine andere Person ihn oder sie frustriert hat und er oder sie in irrationaler Weise die andere Person mit uns in Verbindung bringt.

Wenn wir uns um Klarheit bemühen, dann müssen wir jede Beziehung als einzigartig behandeln. Die vorliegende Regel hilft, uns in diese

Richtung zu bewegen. Hat jemand uns etwas anvertraut, so fordert sie uns auf, dieses Vertrauen zu respektieren und darüber nicht mit anderen zu reden. Man muss auch bedenken, dass das Sprechen über andere, die nicht anwesend sind, die Unterhaltung wegführt von dem, was gerade hier in diesem Augenblick geschieht. Wären wir wirklich lebendig präsent füreinander, würden wir vorsichtiger sein, wenn wir über Menschen, die nicht anwesend sind, reden.

Mein gewissenhaftes Selbst,
hüte die Geheimnisse deiner Freundinnen und Freunde
als das heiligste dir anvertraute Gut.

GOLDENE REGEL 4

**Mein gewissenhaftes Selbst,
übe Beständigkeit in der Liebe.**

Diese Regel soll uns daran erinnern, der Liebe treu zu sein, keinen Ablenkungen nachzugeben und nicht in Gleichgültigkeit zu verfallen. Sie soll uns erinnern, immer wieder zurückzukehren zu dem tiefen Gefühl im Herzen, das uns mit allem vereint, was wahr, gut und schön ist, das heißt mit allem, was existiert.

*Mein gewissenhaftes Selbst,
übe Beständigkeit in der Liebe.*

GOLDENE REGEL 5

Mein gewissenhaftes Selbst, brich nie dein Ehrenwort, was immer auch geschieht.

Diese Worte verweisen auf unsere Ehre, die bewusste Verpflichtung gegenüber unserem Ideal. Sie erinnern uns daran, dass wir, wenn wir ein Versprechen gegeben haben, dieses Versprechen in Ehren halten müssen, auch wenn es ein Opfer bedeutet. Wenn wir verantwortlich und zuverlässig sein wollen, jemand, auf den man sich verlassen kann, dann ist unser Wort unsere Verpflichtung, und es ist unbedingt erforderlich, sie zu erfüllen.

Mein gewissenhaftes Selbst,
brich nie dein Ehrenwort, was immer auch geschieht.

GOLDENE REGEL 6

Mein gewissenhaftes Selbst, begegne der Welt in allen Lebenslagen mit einem Lächeln.

Es ist normal zu lächeln, wenn die Umstände günstig sind. Die Herausforderung dieser Regel besteht darin, dass wir lernen zu lächeln, auch wenn wir in Not sind; auch wenn wir müde, überfordert und erschöpft sind, immer noch zu lächeln, wenn nicht mit unserem Mund, so doch mit dem, was Inayat Khan „die lächelnde Stirn“ nennt, das heißt mit einem Gesicht, das strahlt. Was ist mit diesem Lächeln gemeint? Ein Lächeln auf den Lippen ist wunderbar. Wenn er von der „lächelnden Stirn“ redet, dann meint er damit, dass man Liebe, Verständnis, Vergebung und Segen ausstrahlt. All das geht von einem Gesicht aus, das freundlich und offen für die Welt ist. Noor Inayat Khans letzte Worte sind im wahrsten Sinne wie ein Lächeln angesichts entsetzlicher Gewalt und Dunkelheit. Sie zog es vor, nicht in gleicher Weise mit feindseligen Worten zu reagieren. Mitten in einer Atmosphäre von Gewalt die Fähigkeit zu haben, die Freiheit zu verkünden, kann nichts anderes als ein Lächeln sein. In jeder Lage können wir darüber nachdenken: „Was für ein Lächeln ist die beste Antwort auf den gegebenen Augenblick?“ Ist es ein Lächeln der Lippen, der Stirn, oder ist es ein Wort? In allen Situationen besteht die Möglichkeit eines Lächelns. Noor ist der beste Beweis für diese Aussage.

Es gab einmal ein Dorf, das war umgeben von einer hohen Mauer, und die Dorfbewohner fragten sich immer, was wohl hinter dieser Mauer lag. Es war *terra incognita,* der Ort des Mysteriums. Von Zeit zu Zeit wagte es ein unerschrockener Mensch, über die Mauer zu steigen, aber diese wagemutigen Erkunder kehrten nie zurück. Und so blieben die Dorfbewohner im Dunkeln. Schließlich hatte jemand von ihnen eine Erleuchtung. Er dachte, wenn ich mir ein Seil umbinde und über die Mauer steige, kann mich mein Freund zurückholen, und dann wird das Geheimnis gelüftet. Dieser Mann erklomm also die Mauer, erreichte die andere Seite und wurde zurückbefördert. Aber es gab ein Problem. Alle waren begierig herauszufinden, was der Mann über dieses fremde Land jenseits der Mauer zu berichten hatte. Sie stellten ihm endlose Fragen, doch er antwortete nicht; tatsächlich sprach er überhaupt nicht mehr. Von diesem Tag an war er stumm, aber die Dorfbewohner bemerkten, dass eine Veränderung in ihm vorgegangen war: Immer trug er in seinem Gesicht ein breites, strahlendes Lächeln. Und die Mauer war seitdem bekannt als die „Mauer des Lächelns".

Das Lächeln ist ein natürlicher Ausdruck eines Zustands inneren Friedens, und es bringt anderen Menschen Frieden. Aber es stimmt auch, dass das Lächeln, angewandt als Übung, uns helfen kann, unseren Frieden zurückzugewinnen, wenn wir unsere innere Ruhe verloren haben.

Das Lächeln bringt also nicht nur Frieden zum Ausdruck, sondern ruft ihn auch im Innern hervor.

Mein gewissenhaftes Selbst,
begegne der Welt in allen Lebenslagen mit einem Lächeln.

GOLDENE REGEL 7

**Mein gewissenhaftes Selbst,
wenn du etwas besitzt, denke an diejenigen,
die es nicht haben.**

Wenn wir uns einen Augenblick Zeit nehmen und uns die Geschenke bewusst machen, die uns gegeben sind – reichliche Nahrung, ein sicherer und friedlicher Ort zum Leben, die Freiheit, unserer Tradition zu folgen, und viele weitere Aspekte der Freiheit –, so könnten wir uns ebenso einen Augenblick Zeit nehmen, an die zu denken, die nicht die Geschenke besitzen, die wir in unserem Leben genießen. Diese Gedanken könnten uns auch dazu bewegen, uns zu erinnern, dass wir das, was wir haben, nicht für selbstverständlich halten.

Oft sind wir so sehr mit unseren eigenen Herausforderungen und Schwierigkeiten beschäftigt, dass wir gar nicht mehr merken, wie gering unsere Herausforderungen wirklich sind im Vergleich zu den großen Nöten vieler Menschen auf der ganzen Welt, die um das bloße Überleben kämpfen müssen. Eine solche Einstellung befreit uns von unserer eigenen Angst um uns selbst und ruft ein natürliches Gefühl der Solidarität und Großherzigkeit hervor. Merkwürdigerweise sind diejenigen, die sich am meisten darum kümmern, das Glück anderer zu fördern, selbst am glücklichsten. Man meint vielleicht, dass der Schlüssel zum Glück in dem Versuch liegt, sich selbst glücklich zu machen, aber das ist ein rückständiges Denken.

Man kann beten und gute Wünsche formulieren für die Menschen, die nicht haben, was wir besitzen, und man sieht dann vielleicht auch die Quellen, aus denen diese Menschen Sinn und Segen in ihrem Leben beziehen, die wir nicht haben.

Es geht darum, das Gute, das wir besitzen, mit anderen zu teilen, sie in unsere Gebete einzuschließen und zu erkennen, dass jede und jeder unterschiedliche Segnungen erhält. Feiern Sie die reiche Fülle.

Dabei kommt auch der Gedanke auf, wie stark diese Regel mit unserem Weg der spiriuellen Freiheit verbunden ist. Es gibt so viele Seelen, die dahintreiben, die suchen, aber nicht finden können. Wenn wir erkennen, wie gesegnet wir in unserem inneren Leben sind, wie viel uns auf unserem Weg gezeigt wurde, dann sehen wir, wie viele Menschen immer noch durstig nach dem sind, was wir schon getrunken haben. Dann fühlen wir uns aufgerufen, unseren Weg nicht nur als unseren eigenen zu betrachten, sondern als Weg der Gemeinschaft mit vielen Mitreisenden, und wir erkennen, dass wir ihnen vielleicht weiterhelfen können.

Es ist ein Erwachen, von dem Inayat Khan spricht, wenn ein Murid[21] nicht mehr nur seine oder ihre Vervollkommnung anstrebt, sondern

21 Murid: „suchend“, Schüler-/in auf dem spirituellen Weg

stattdessen den Weg entdeckt, dem Weg zu dienen, indem er oder sie diesen mit anderen teilt.

Mein gewissenhaftes Selbst,
wenn du etwas besitzt, denke an diejenigen, die es nicht haben.

GOLDENE REGEL 8

Mein gewissenhaftes Selbst,
halte deine Ehre um jeden Preis aufrecht.

Können Sie in Ihrem Innern, jenseits aller Begriffe, die feinstoffliche Substanz der Ehre spüren? Denken Sie daran, wie traurig es ist, dass so viele Menschen weltlichen Gewinn suchen, der nichts ist im Vergleich zu dieser reinen, heiligen Qualität unseres Wesens.

Der Ehrbegriff wird nicht immer richtig verstanden. Wenn wir beleidigt werden, nehmen wir an, wir seien entehrt. Handlungen, die anderen Schaden zufügen, werden gerechtfertigt als Verteidigung der Ehre. Wer gekränkt wurde, beruft sich auf die Ehre und übt Vergeltung. All dies ist jedoch ein Missverständnis, weil niemand irgendwen entehren kann außer sich selbst. Wer uns entehren wollte, entehrt nur sich selbst.

In Wirklichkeit kann keiner unsere Ehre verletzen, denn Ehre besteht nicht darin, wie wir behandelt werden. Tatsächlich steht sie in Zusammenhang mit unserer höchsten Auffassung vom Guten, Wahren und Schönen. Unser eigenes Gewissen ist unsere Ehre. Wir entehren uns selbst, wenn wir unserem eigenen Ideal nicht gerecht werden.

Natürlich ist es eine Lebensaufgabe, sein Ideal hochzuhalten. Im *Gayan* sagt Hazrat Inayat Khan, dass es sich oft so anfühlt, als würde er mit seinem Ideal auf einer Wippe schaukeln. Wenn sein Ideal aufsteigt, steigt er ab, und wenn er aufsteigt, steigt sein Ideal ab. Das Ideal ist das Bild der Vollkommenheit, das in die Seele aller eingepflanzt wurde, und dessen Verwirklichung auf Erden ist die Gesamtsumme aller Integrität, Ehre und Vollkommenheit, die uns möglich ist. Aber die Verwirklichung bedeutet Anstrengung. Wir sind zwar mit dem Potenzial der Vollkommenheit erschaffen, aber wir wurden hineingeboren in eine unvollkommene Welt, in der wir den Wirren der Unvollkommenheit im Inneren sowie im Äußeren unterworfen sind. Eine der Qualitäten der Vollkommenheit ist Mitgefühl, das nur in Relation zur Unvollkommenheit existieren kann. Und so besteht ein Teil der Verwirklichung unserer eigenen Vollkommenheit darin, dass wir uns voller Mitgefühl mit den Begrenzungen arrangieren, denen wir in uns selbst und in anderen begegnen.

Wenn wir an eine Wegkreuzung gelangen, taucht eine Frage auf: Welcher Weg ist in diesem Augenblick der Wahlmöglichkeiten der Weg der Ehre? Einige Alternativen werden uns sehr attraktiv erscheinen, weil sie uns Erfolg im Leben versprechen und wir Ansehen, Reichtum, Macht, Komfort und Annehmlichkeiten gewinnen können; doch der Erwerb dieser Luxusgüter stimmt nicht immer mit dem Weg der Ehre überein. Tatsächlich führt er sehr oft gerade in die Gegenrichtung. Der Weg der Ehre verlangt von uns gewisse Opfer, aber wir folgen ihm, denn es ist im Sinne der Integrität unseres Ideals, das wir wertschätzen und das eine Anziehungskraft für uns hat. Dieser Weg gibt uns eine Art von Befriedigung, die letztendlich alle irreführenden Verlockungen in den Schatten stellt.

Ehre bedeutet Integrität um jeden Preis. Es ist besser, Annehmlichkeiten, Privilegien und Besitztümer zu verlieren, als ein Stück der eigenen Integrität zu opfern, die unser wahrer Schatz ist. Alles andere kann uns genommen werden, materielle Sachen, Geltung in der Welt, diese Dinge kommen und gehen in dramatischem Wechsel. Aber unsere Integrität kann uns niemand nehmen. Wenn wir einst sterben, dann werden wir die Erfüllung unseres Ideals mitnehmen und sonst gar nichts. Halten wir uns also an das, was wir als wahr und recht erkannt haben.

Mein gewissenhaftes Selbst,
halte deine Ehre um jeden Preis aufrecht.

GOLDENE REGEL 9

Mein gewissenhaftes Selbst, halte dein Ideal unter allen Umständen hoch.

Diese Regel ruft uns auf, unser Ideal hochzuhalten. Wenn wir darüber nachdenken, erkennen wir möglicherweise, dass die Essenz unseres Ideals die verborgene Vollkommenheit in uns selbst ist, die Gegenwart des Göttlichen. Mein Vater sagte immer, dass das Gebet die kreativste aller Tätigkeiten ist. Oberflächlich betrachtet erscheint es als ein wenig kreativer Akt. Während wir uns draußen in der Welt aufhalten und Dinge tun und Sachen herstellen, sind diejenigen, die beten, scheinbar unproduktiv. Wenn wir jedoch die göttlichen Namen anrufen, dann öffnen wir unser Herz, um die göttlichen Qualitäten im Innern zu empfangen. Und so werden wir neu erschaffen nach dem Bild Gottes. Wenn wir dann handeln, so ist es das göttliche Handeln, das durch uns wirkt. Die Persönlichkeit Gottes blüht auf und offenbart sich in unserer Persönlichkeit, die sich entfaltet, tiefer und weiter wird.

Diese Regel erinnert uns auch daran, dass eine Veränderung der Umstände um uns herum keine Rechtfertigung für eine Veränderung unseres Ideals sein kann. Großzügigkeit und Freundlichkeit müssen auch angesichts von Schwierigkeiten aufrechterhalten werden, sonst spiegeln wir einfach nur, was auf uns zukommt, und stehen nicht entschlossen zu dieser höheren Lebenseinstellung, die unser Ideal ist. Achten Sie auf die Versuchung, den Einflüssen, die auf Sie einwirken, nachzugeben und dadurch von der klaren inneren Führung durch Ihr eigenes Gewissen abzuweichen. Beobachten Sie, wie schnell das geschehen kann, innerhalb eines Augenblicks und ohne nachzudenken. Plötzlich ist man in bloßes Reagieren abgerutscht. Wer stattdessen innehält und nachdenkt, kann vielleicht der Versuchung Einhalt gebieten und in aller Klarheit an seinem Ideal festhalten. Man kann sein Selbst daran erinnern, dass der Wert, der darin liegt, sein Ideal hochzuhalten, nicht vergleichbar ist mit den unbedeutenden Vorteilen, die man gewinnt, wenn man seine Ideale verleugnet. Im Moment mögen diese Vorteile attraktiver erscheinen, während sein Ideal hochzuhalten vielleicht bedeuten würde, diese Gewinne aufzugeben. In den Augen der Welt würden wir mit unserer Entscheidung sehr schlecht dastehen. Aber wir würden den hohen Wert unserer Entscheidung erkennen und wüssten, auch Gott kennt ihren Wert. In der Stille unserer aufrichtigen Kontemplation kommt es genau darauf an. Wenn wir diese Welt verlassen, dann verlassen wir sie mit den Idealen, die wir unverletzt hochgehalten haben.

Mein gewissenhaftes Selbst,
halte dein Ideal unter allen Umständen hoch.

GOLDENE REGEL 10

Mein gewissenhaftes Selbst, vernachlässige diejenigen nicht, die auf dich angewiesen sind.

Als wir in diese Welt als hilflose Säuglinge kamen, waren wir ein Musterbeispiel für Bedürftigkeit und die Verkörperung von Abhängigkeit. Wir waren auf unsere Mutter und unseren Vater angewiesen, ganz besonders auf unsere Mutter.

Mit der Zeit haben wir dann die Fähigkeit entwickelt, nicht nur für uns selbst, sondern auch für andere zu sorgen. Aber wir sind niemals vollständig unabhängig geworden, denn wir sind für das, was wir für unsere physische Existenz brauchen, auf die Hilfe und Unterstützung vieler Wesen angewiesen. Einige dieser Wesen sehen wir täglich, aber es gibt auch jene, die für uns unsichtbar sind. In unseren gemeinsamen Zielen – Leben, Freiheit und Glück – sind wir alle vereint in einem großen Netzwerk gegenseitiger Abhängigkeiten. Das Leben ist gut, wenn diese Verbindungen stark sind, wenn wir uns aufeinander verlassen können, wenn wir einander vertrauen; das Leben wird hart und oftmals tragisch, wenn diese Verbindungen zusammenbrechen und wir uns nicht mehr aufeinander verlassen können. Es ist dieses grundlegende Vertrauen, die wechselseitigen Verpflichtungen füreinander, was die Welt heil und ganz macht.

Es ist zweifellos ein Segen für jemanden, der in Not ist, das zu bekommen, was ein anderer ihm geben kann. Aber es ist ebenfalls ein Segen, gebraucht zu werden und jemandem etwas zu geben, was er oder sie von uns benötigt. Wir mögen uns zwar manchmal beklagen über all die Verpflichtungen, die uns in diesem Leben auferlegt wurden, aber aufgerufen zu sein, anderen etwas zu geben, ist auch ein Geschenk für uns. Wenn wir es in diesem Augenblick noch nicht sehen können, so werden wir es sicherlich eines Tages voller Dankbarkeit erkennen.

Obwohl es ein Opfer gewisser Freiheiten bedeutet, sich um andere zu kümmern, eine Pflicht zu erfüllen, verlässlich zu sein, liegt darin eine Befriedigung, die wir nicht finden können, wenn wir lediglich irgendein eigenes Verlangen stillen. Und das bedeutet eine Art Freiheit. In gewissem Sinne ist es die höchste Freiheit. Hazrat Inayat Khan sagte: *„Der Weg der Freiheit führt zu Knechtschaft, der Weg der Disziplin hingegen führt zu Freiheit."* Pflichterfüllung fühlt sich streng, trocken und spröde an, wenn das Herz nicht dabei ist, sie wird aber freudig, wenn wir aufrichtigen Herzens das Opfer für unsere Mitmenschen bringen. Dann fühlt man die Beglückung, die der oder die andere dadurch erfährt. Und dann hat sich alles gelohnt.

Diese Regel fordert uns auf, denen Beachtung zu schenken, die auf uns angewiesen sind. Wir schauen zunächst auf die Zeiten zurück, als wir auf andere angewiesen waren, und wir spüren Dankbarkeit denen gegenüber, die sich für uns verantwortlich gefühlt haben. Jetzt betrachten wir unser eigenes Leben und sehen andere um uns herum, die uns in unterschiedlichem Maße brauchen; einige ganz unmittelbar, andere mehr aus der Distanz. Es gibt in unserem Leben zahlreiche Bindungen aufgrund von Verantwortung und Pflicht.

Ohne Zweifel ist es so, dass wir nicht jede Anforderung, die an uns gestellt wird, erfüllen können. Manchmal ist es tatsächlich unmöglich, den Anforderungen nachzukommen. Und die Regel fordert uns nicht auf, jeden Anspruch zu befriedigen. Sie besagt nur, dass wir die, die von uns abhängig sind, nicht vernachlässigen sollen. Stattdessen sollen wir unser mitfühlendes Verständnis erweitern und tun, was wir tun können.

Mit der Zeit werden wir herausfinden, dass der Kreis derer, mit denen wir durch unser Pflichtgefühl verbunden sind, allmählich weiter wird und die ganze Welt einschließt, weil uns in gewisser Weise diese Welt braucht. Wir sind in diese Welt hineingeboren, um einen Zweck zu erfüllen. Es geht nicht nur darum, Freude in der Welt zu haben, sondern auch darum, ihr unseren Dienst zu erweisen. Unser Denken, Sprechen und Handeln wird reflektiert und hallt wider und fügt sich ein in die Struktur der Welt. Wenn die Welt sich zum Guten entwickeln und erblühen soll, braucht sie als unseren Beitrag all das, was in uns edel und vorzüglich ist. Die Menschheit ist darauf angewiesen. Die ganze Welt hängt von unseren Entscheidungen ab. Unser innerstes Wesen schaut zu, wartet, beobachtet. „Wie sollen wir diese Tage verbringen, die uns hier gegeben sind?"

Und über jeder Seele taucht die Wolke der Zeugen auf, die heiligen Gesandten, Prophetinnen, Heiligen und Meister, die ebenso auf uns angewiesen sind, weil wir verkörpert, sie aber jetzt entkörpert sind.

Wenn wir an sie denken, uns auf ihre Botschaft einstimmen, sind wir dafür verantwortlich, diese zu verwirklichen. Sie warten und beobachten.

Lassen Sie uns, jeder und jede einzelne von uns, beschließen, uns größtmögliche Klarheit darüber zu verschaffen, was jetzt von uns verlangt wird. Was erforderlich ist, um den Sinn unseres Lebens zu erfüllen, und setzen wir es dann ohne Zögern und mit Freuden in die Tat um – in dem Wissen, dass das alles gewesen ist, was zählt, wenn wir diese Welt verlassen haben. Nichts sonst wird wichtig sein als das, was wir, während wir auf der Erde lebten, gedacht, gesagt und getan haben – entsprechend den Weisungen der inneren Führung und im Einklang mit dem Ziel, das aus dem Licht unserer eigenen Seele hervorging.

Mein gewissenhaftes Selbst,
vernachlässige diejenigen nicht, die auf dich angewiesen sind.

HAZRAT INAYAT KHAN

Hazrat Inayat Khan wurde 1882 in Baroda, Indien, geboren. Schon als Kind erhielt er eine Ausbildung in klassischer hindustanischer Musik und wurde schon in jungen Jahren Musikprofessor. Auf ausgedehnten Reisen durch den indischen Subkontinent gewann er große Anerkennung am Hofe der Maharajas und bekam vom Nizam von Hyderabad den Titel Tansen-uz-Zaman verliehen.

In Hyderabad wurde Hazrat Inayat Khan Schüler von Sayyid Abu Hashim Madani, der ihn in die Traditionen der Chishti-, Suhrawardi-, Qadiri- und Naqshbandi-Abstammungslinien des Sufismus einführte und ihm schließlich seinen Segen erteilte für den Auftrag, „in die Welt hinaus zu reisen".

Im Jahre 1910 begab er sich per Schiff in die Vereinigten Staaten von Amerika, begleitet von seinem Bruder Maheboob Khan und seinem Vetter Mohammed Ali Khan. Im Laufe der anschließenden sechzehn Jahre unternahm er weite Reisen durch die Vereinigten Staaten und Europa, wo er lehrte und den ersten Sufi-Orden im Westen gründete.

In London heiratete Hazrat Inayat Khan Ora Ray Baker. Sie hatten vier Kinder, die während des Ersten Weltkriegs in London und danach in Suresnes, Frankreich, aufwuchsen, wo um ihr Wohnhaus mit dem Namen Fazal Manzil herum eine kleine Sufi-Siedlung entstand.

Die Türen des Sufi-Ordens[1] standen offen für Menschen jeglichen Glaubens. Hazrat Inayat Khans Vorträge und spirituelle Anleitungen sprachen stärker die eigene Erfahrung seiner Zuhörer und Zuhörerinnen an als ihre religiösen Überzeugungen. Sie beleuchteten vor allem zwei miteinander verbundene Themen: die Gegenwart Gottes in der Tiefe der menschlichen Seele und die Vernetzung aller Menschen. Zahlreiche Bücher wurden sowohl während seiner Lebenszeit als auch posthum aus seinen Lehrreden zusammengestellt.

Im September 1926 nahm Hazrat Inayat Khan Abschied von seiner Familie und seinen Anhängern und Anhängerinnen und kehrte nach Indien zurück. Am 5. Februar 1927 starb er und wurde in New Delhi begraben.

1 Heute unter dem Namen „The Inayatiyya“, deutsch „Inayatiyya Deutschland e. V.“

PIR ZIA INAYAT-KHAN

Pir Zia Inayat-Khan ist ein Gelehrter und Lehrer des Universalen Sufismus in der Tradition seines Großvaters Hazrat Inayat Khan. Er erhielt seinen Bachelor-Abschluss (Hons) in Persischer Literatur von der London School of Oriental and African Studies; an der Duke University in Durham, North Carolina, machte er seinen Master of Arts und promovierte in Religionswissenschaften.

Pir Zia Inayat-Khan ist Präsident von "The Inayatiyya" und Gründer der Suluk Academy, einer Schule für kontemplative Studien in den USA und in Europa.

Zusammen mit Shaik al-Mashaik Mahmood Khan leitet er den Ritterorden der Reinheit.

Er lebt mit seiner Frau und zwei Kindern in Richmond, USA.

Autor von „Ritterliche Tugenden im Alten Orient".

Weitere Informationen
über den Autor unter www.Pirzia.org
über The Inayati Order unter www.inayatiorder.org
über die Ritterschaft der Reinheit unter www.knighthoodofpurity.org

RITTERLICHE TUGENDEN IM ALTEN ORIENT

Edelmut, Tapferkeit und mystische Suche

Nicht nur im christlichen Abendland gab es Ritterorden und eine höfische Kultur, auch im Alten Orient lebten im Mittelalter Menschen nach den Grundsätzen einer ritterlichen Ethik.
Sind Tugenden wie Edelmut, Maßhalten, Tapferkeit und Ehre – der Verhaltenskodex für Ritter in der arabischen wie in der christlichen Welt – auch heute noch erstrebenswerte Ziele? Darüber nachzudenken ist in einer Zeit, in der der Verlust ethischer Werte und Ideale beklagt werden, eine lohnende Herausforderung!

„Ritterliche Tugenden im Alten Orient ist eine geniale Darstellung der Sufi-Lehren, in kunstvoller Weise zum Ausdruck gebracht durch eine Gestalt aus dem tiefsinnigsten der mittelalterlichen Ritterromane rund um den Gral. Eine überraschende und inspirierende Leseerfahrung!“
CARL W. ERNST, Autor von How to Read the Qur‘an

Hrsg. Der Inayati-Orden Deutschland e. V.
Pir Zia Inayat-Khan 2016 | 184 Seiten | gebunden | ISBN 978-3-936246-25-4
Dieses Buch ist als Ebook u. PDF-Book über die Homepage des Verlages erhältlich:
www.verlag-heilbronn.de

INAYATIYYA DEUTSCHLAND E. V.

Ein Sufi-Weg spiritueller Freiheit

Die Inayatiyya Deutschland e. V.[1] (ehemals Sufi-Orden Deutschland e. V.) ist eine weltweite Schule für persönliches Wachstum. Ihre Lehre der spirituellen Freiheit wird vertieft durch ein philosophisches Verständnis des Lebens. Die Inayatiyya erforscht und betont das Gemeinsame aller Religionen und lehrt eine Religiosität des Herzens, die der Verständigung und gegenseitigen Wertschätzung der verschiedenen Religionen und Weltanschauungen dient.

Als gemeinnützige Organisation widmet sie sich der Verbreitung der Lehre von Hazrat Inayat Khan, dem indischen Musiker und Sufilehrer, der im Jahr 1910 als erster den Sufismus in die westliche Welt brachte. Seine universale Botschaft beinhaltet das Wissen von der göttlichen Einheit aller Völker, aller Religionen und allen Daseins.

Diese von ihm begründete Weisheitslehre von Liebe, Harmonie, Schönheit und spiritueller Freiheit wurde von Pir Vilayat Inayat Khan weiterentwickelt und seit 2004 von Pir Zia Inayat-Khan und vielen Schülerinnen und Schülern in die Welt getragen. Sie bildet die geistige Grundlage zur Persönlichkeitsentwicklung der einzelnen Mitglieder unserer Gemeinschaft und ist Inspiration für vielseitige Aktivitäten unserer international vernetzten Organisation.

Weiterlesen gern bei: www.inayatiyya.de

[1] Inaya ist ein arabisches Wort und bedeutet liebende Güte oder Anmut (auch Gnade). In spirituellem Kontext meint es die Gnade, die der allbarmherzige Gott Seiner Schöpfung erweist. Es ist auch der Name des geistigen Urhebers der Inayatiyya, Hazrat Inayat Khan, seines Nachfolgers Pir Vilayat Inayat Khan und des heutigen Präsidenten Pir Zia Inayat-Khan

DER WEG DER RITTERSCHAFT

Die Historie

Als Hazrat Inayat Khan, auch ein Meister der spirituellen Ritterschaft, am 13. September 1926 in Paris den Grundstein für einen Tempel legte, der alle Religionen ehrt, legte er auch den Samen für die „Knighthood of Purity“, den Weg der Ritterlichkeit, indem er vier Ritter*innen und acht Herold*innen ernannte.

Eine konkrete Struktur erhielt dieser ritterliche Weg erst viele Jahrzehnte später am 13. September 2010 durch Pir Zia Inayat-Khan und Shaikh al-Mashaik Mahmood Khan. Im Jahr 2016 wurde die „Knighthood of Purity“ dann als eigener Bereich in der Inayatiyya-Gemeinschaft begründet. Schirmherrin des Weges der Ritterlichkeit ist Noor un-Nisa Inayat Khan, die Tochter von Hazrat Inayat Khan. Sie unterstützte während des 2. Weltkrieges als englische Agentin die Résistance, wurde gefangen genommen und am 13. September 1944 in Dachau ermordet. Sie gab ihr Leben für das Ideal der Freiheit, ihr letztes Wort war „Liberté.“

Ritterlichkeit als Weg ist sehr viel älter. Es gibt universelle ethische Prinzipien, die bereits seit Jahrtausenden von Menschen kultiviert wurden, die heute kultiviert werden und die auch in Jahrhunderten und Jahrtausenden noch Gegenstand der Kultivierung sein werden. Unter ihnen sind die Tugend der Gerechtigkeit und Fairness, die Tugend der Ausgewogenheit und Mäßigung, die Tugend des Mutes, die Tugend der Weisheit und die Tugend der Großzügigkeit.

Wenn wir die Ritterschaft im Mittelalter z. B. in Europa, im Nahen Osten und in Japan betrachten, dann sehen wir dort auch Grausamkeit und Engherzigkeit. Auf dem modernen ritterlichen Weg in universeller Ausprägung ist dafür kein Platz mehr. Stattdessen kommen neue Tugenden hinzu: die Tugend der Achtung vor allem Leben und die Tugend des planetaren Bewusstseins, die uns beispielsweise daran erinnern, allen Wesen und allen Menschen zu helfen – ungeachtet ihres Geschlechts, ihrer Hautfarbe, ihrer Nationalität, ihres Einkommens, ihrer sexuellen Präferenzen oder ihrer Glaubensrichtung.
Die „Knighthood of Purity“, der Weg der Ritterlichkeit, ist offen für alle Menschen, die durch Hazrat Inayat Khan bzw. die von ihm begründete universelle Ritterlichkeit inspiriert sind.

Die Goldene Mitte

Reihe mit Kostproben aus den Schriften von Dichtern, Weisen und Mystikern

1. Die Goldenen Verse des Pythagoras
2. Der Sonnengesang des Ech-en-aton
3. Die Bergpredigt Jesu
4. Die Tafeln der Wahrheit des Moin-ud-Din Chishti
5. Matthias Claudius
An meinen Sohn Johannes
6. G. E. Lessing
Die Parabel von den drei Ringen
7. R. F. v. Scholtz – Im Geiste der Einheit
8. Konfuzius
Der Weg d. Himmels und der Erde
9. Vater unser!
Kleines ökumenisches Gebetsbrevier
10. Hazrat Inayat Khan – Erleuchtete Worte
11. Du bist unsere Zuflucht
Gebete aus der Ökumene
12. Vom Herzen gehen die Dinge aus...
Aus dem Buddhismus
13. Zarathustra
14. Toleranz und Religionsfreiheit
15. Anandamayi Ma, Leben der Hingabe
16. J. W. v. Goethe
Wie alles sich zum Ganzen webt
17. Teresa von Avila
Der Du bist in den Himmeln
18. Bayezid Bastami – Licht über Licht
19. Die Gottesliebe in der Bhagavadgita
20. Schalom – Weisheit des Judentums
21. R. Tagore – Die Seele unserer Seele
22. Marc Aurel
In freier Harmonie mit dem Schicksal
23. E. Swedenborg
Bürger zweier Welten
24. Jenseits von allem, was ist
25. Aus dem Koran
26. Franz v. Assisi – Bruder aller Menschen und aller Kreatur
27. Laotse, Vom Sinn des Lebens
28. Seneca – Aus den Briefen an Lucilius
29. Hazrat Inayat Khan, Sufi-Geschichten
30. Meister Eckhart – „Gott allein ist"
31. Ida Ehre
Ich glaube an das Gute im Menschen
32. Rabia – Heilige der Gottesliebe
33. Zeit – Augenblick und Ewigkeit

Centennial Edition

Hazrat Inayat Khan

13-bändige Jubiläumsausgabe

Die Werke von Hazrat Inayat Khan zählen zu den großen spirituellen Schätzen dieser Welt. Sie sind tief in der Sufi-Tradition verwurzelt und zugleich absolut einmalig in ihrem Erkenntnisgehalt und Ausdruck. Hazrat Inayat Khans Lehren sind heutzutage immer noch genauso wirkungsvoll und aussagekräftig wie vor einem Jahrhundert, als er sie zuerst vermittelt hat. Diese Lehren sprechen den Verstand und das Herz eines jeden Menschen sowie die Menschheit als Ganzes an.

Band 1 – **Das innere Leben**

Der erste Band beinhaltet folgende 4 Bücher:

Das innere Leben • Der Sinn des Lebens
Die Seele – woher und wohin • Der Weg der Erleuchtung

2018 | 477 Seiten | gebunden mit Goldprägung | ISBN 978-3-936246-34-6

Band 2 – **Die Mystik des Klangs**

Der zweite Band beinhaltet folgende 4 Bücher:

Die Mystik des Klangs • Musik
Die Macht des Wortes • Die Sprache des Kosmos

2019 | 323 Seiten | gebunden mit Goldprägung | ISBN 978-3-936246-39-1

Band 3 – **Die Kunst der Persönlichkeit**

Entwicklung des Charakters • Die Kunst der Persönlichkeit • Ethik
Bewusstsein und Persönlichkeit • Kunst, Künstlerinnen u. Künstler
Die Kunst der Musik

2020 | 288 Seiten | gebunden mit Goldprägung | ISBN 978-3-936246-44-5

Alle ein bis zwei Jahre erscheint ein weiterer Band • Informationen unter: www.verlag-heilbronn.de

Hazrat Inayat Khan

Bücher für Menschen auf dem inneren Weg

Heilung aus der Tiefe der Seele

Mystik und geistige Heilung

In diesem Buch geht es vor allem darum, innerlich zur Ruhe zu kommen, das wahre Selbst in uns von falschen Identifikationen zu lösen und zu befreien, um es dann zu verwirklichen. Das wahre Selbst ist frei von jeglichen Krankheiten und Traumen, da es immer heil und göttlich ist.

Gayan – Vadan – Nirtan

Die Essenz der Sufibotschaft

Die Seele – woher und wohin

Die Reise der Seele

Die Gathas – Weisheit der Sufis

Lehren für Schülerinnen und Schüler

Meisterschaft

Spirituelle Verwirklichung in dieser Welt

Spiritualität • Mystik

Bücher für Menschen auf dem inneren Weg

Sufibuch des Lebens

99 Meditationen der Liebe

von Neil Douglas-Klotz

Neue Zugänge zum wichtigsten Schatz islamischer Mystik eröffnet Neil Douglas-Klotz in diesem Buch: Die 99 schönsten Namen Gottes. Sie stehen für 99 Wege zu innerer Klärung, Harmonie und Verbundenheit mit dem Universum. Die zeitlose Weisheit der Sufis hilft uns, diese Qualitäten im täglichen Leben umzusetzen und das Herz für die Liebe zu öffnen.

König Akbar und seine Tochter

Geschichten aus einer Welt von Noor Inayat Khan

Musik und Meditation

von Pir Vilayat Inayat Khan und Aeoliah Christa Muckenheim

Die Erleuchtung des Schattens

von Moineddin Jablonski

Der Zauber Indiens

Aus dem Leben eines Sufi von Musharaff Moulamia Khan

Universaler Sufismus

Ein interreligiöser Weg zu spirituellem Wachstum

Medizin des Herzens

99 Heilungswege der Sufis

von Wali Ali Meyer, Bilal Hyde, Faisal Muquaddam, Shabda Khan

Das Buch nimmt die Leserin und den Leser mit in das Herz des Mysteriums der 99 Namen Gottes. Es ist ein Weg, um das Wesen der Grenzenlosigkeit Gottes zu verstehen und das göttliche Potential in jeder Seele zu entdecken.

365 Tage Sufi-Weisheit

von Hazrat Inayat Khan und Samuel L. Lewis

Universaler Sufismus

Die Sufi-Botschaft von Hazrat Inayat Khan

von Hendrikus J. Witteveen

Eine Fackel in der Dunkelheit

Sufilehren von Hidayat Inayat-Khan

Meditation – Ein Thema für jeden Tag

von Hazrat Inayat Khan und Pir Vilayat Inayat Khan

Weitere Informationen erhalten Sie über folgende Links:

Inayatiyya Deutschland e. V.
www.inayatiyya.de

Inayatiorden Österreich
www.sufiorden.at

Der Inayati Orden Schweiz
www.sufismus.ch

International Sufi Movement
www.sufimovement.org

Sufi-Bewegung Deutschland
www.sufi-bewegung.de

Sufi Ruhaniat International
www.ruhaniat.org

Sufi Ruhaniat Deutschland
www.ruhaniat.de

Tänze des Universellen Friedens
www.friedenstaenze.de

Abrahamic Reunion e. V.
www.abrahamicreunion.org

Musik für Frieden und Völkerverständigung e. V.
www.music-for-peace.net

Förderverein Sufi-Saint-School
www.sufi-saint-school-ev.de

Hope Project
www.hope-project.de

Buch und Mystik e. V .
www.buchundmystik.de

Verlag Heilbronn
www.verlag-heilbronn.de • info@verlag-heilbronn.de